北大荒读本

主　编：刘保国
副主编：崔万敏　王月平

黑龙江教育出版社

编 委 会

主　编：刘保国
副主编：崔万敏　王月平
编　委：朱正衡　姜文　刘永存　蔡宏　王贵成
　　　　张　衡　李桂珠　贺海龙　于瑞河　朱红秀
　　　　李北环　王纯信　赵文刚　褚建梅　邹万良
　　　　曲宝山　张本正　董雅芬　于明　荆培贤
　　　　王凤华　马秀荣　李慧蕾　刘宇　苏丽颖
　　　　曹　俊　宋婷婷　于兴　杜慧健　杜　洋
　　　　乔忠玲　王慎军　李国杰　张　昕　王海涛
　　　　于洪波　姚长海　刘岳跃　刘秀群　申景贤
　　　　韩春香　井桂芝　孙雪峰　王福生　张凯丽
　　　　申成奎　宋丽丽　　　　武凤艳　田贵阳
　　　　金　昌　鲍要武

目　　录

第一部分　　垦荒的足迹

第一单元　草莽荒原 ·· 2
　　第一课　初识北大荒 ······································ 2
　　第二课　开垦北大荒 ······································ 5

第二单元　马架子窝棚 ·· 11
　　第一课　认识马架子 ······································ 11
　　第二课　荒原上的第一个家 ································ 14

第三单元　人肩拉犁 ·· 17
　　第一课　农垦事业的第一犁 ································ 17
　　第二课　人拉犁开荒 ······································ 20

第四单元　赵光烈士 ·· 24
　　第一课　车站上的纪念碑 ·································· 24
　　第二课　赵光烈士生平 ···································· 27

第二部分　　前赴后继

第一单元　共和国第一个国有机械农场 ·························· 31
　　第一课　农垦北安管理局——赵光农场 ······················ 31
　　第二课　赵光农场的故事 ·································· 34

第二单元　巾帼不让须眉 ······································ 38
　　第一课　女拖拉机手的传奇 ································ 38
　　第二课　北大荒的"云雀姑娘" ······························ 40

第三单元　英雄的战士　火红的青春 ···························· 42
　　第一课　在烈火中永生 ···································· 42
　　第二课　守护军马的人 ···································· 46

第四单元　北大荒的春天 ·· 51
　第一课　铁骨铮铮自奋蹄 ·· 51
　第二课　敢教日月换新天 ·· 56

第三部分　巨变的黑土地

第一单元　锐意改革 ·· 62
　第一课　冲破计划经济的藩篱 ······································ 62
　第二课　北安农垦机械化 ··· 69
第二单元　工业立局 ·· 76
　第一课　从赵光农场走出去的飞鹤乳业 ························ 76
　第二课　蓬勃发展的绿色产业 ······································ 79
第三单元　北安垦区的新姿 ··· 86
　第一课　从居民点到小城镇 ··· 86
　第二课　小城镇的辐射带动作用 ··································· 89
第四单元　我爱我的家乡——北大荒 ································ 92
　第一课　壮美的北大荒文化 ··· 92
　第二课　建设美丽家乡 ··· 102

第一部分

垦荒的足迹

第一单元 草莽荒原

第一课 初识北大荒

北大荒的由来

妈妈说很久以前的黑龙江一片荒芜，那时候的黑龙江是什么样呢？

是这样！

说一说：看到这些荒无人烟的照片你有什么感受？

第一部分　垦荒的足迹

宝贝们，看到了吧，以前的黑龙江就是这样的。人们把那时的黑龙江称为"北大荒"。是不是和我们现在的生活不一样？下面我们一起来了解一下北大荒的由来。

"北大荒"旧指中国黑龙江省北部，在三江平原、黑龙江沿河平原及嫩江流域广大荒芜地区。这里并非自古以来就荒凉无人开垦，曾经击败辽与北宋的女真人就在此生存发展。清朝时满人大量入关，俄国势力乘虚而入；加上清王朝为了巩固祖先的龙脉，严禁汉人进入东北地区，使得边境地区人迹少见。所以长期以来土地荒芜"百里无人断午烟，荒原一望杳无边"，当然就被称为"北大荒"了！

捏把黑土冒油花，
插双筷子也发芽。

说的就是北大荒。

北大荒

千里桑田麦浪翻，万条绿柳绕家园。
豆花似雪飘天际，玉米如葭荡碧川。
远野蛙虫鸣夜曲，近湖双燕挽晞穿。
朱楼林立花燃径，胜却天堂福日甜。

3

北大荒读本

● 北大荒恶劣的自然环境

气候：

　　这里是冰雪的故乡，属寒温带大陆季风气候区，暴虐的西伯利亚寒流长久地在这里盘旋。因此，北大荒的冬季漫长、寒冷干燥。

地势：

　　它的北部是气度不凡的小兴安岭地区。有莽莽山地，有平缓丘陵，还有宽大的谷地。它的西部是松嫩平原区。嫩江从伊勒呼里山千里南下，与松花江合流侵蚀，使这里的地势平坦，更有梦幻般广阔无垠的大草原。它的东部是三江平原区。平均海拔仅54米，万分之一的坡降，构成罕见的平坦地势，形成大面积的低湿沼泽地，变幻莫测，于是有"鬼沼"的神奇传说。

凶险之地：

　　北大荒地处边塞之地。它的东、北两面以乌苏里江和黑龙江为界与俄罗斯隔江相望。区内有大江大河拦阻，有无数的川溪涧泉切割；有冰雪断道，荆柴封路；有毒虫结阵，猛兽成群；更有令人毛骨悚然的地方疫病，如"出血热""克山病"等肆意横行，使历史上的北大荒在传说中凶险无比。当年，著名作家聂绀弩来到此地，目睹此景，不由慨然放歌：秀色蕴于险峰之顶，瑰宝必藏于艰险之地，北大荒是祖国的一片宝地。

思考题：如果是你，你是否愿意来荒芜的这里生活？

第一部分　垦荒的足迹

第二课　开垦北大荒

那么荒凉的地方为什么要去开垦呢？

当时有这样的顺口溜：
北大荒呀真荒凉，蓬草高呀大苇塘，
又有狍子又有狼，就是缺少村和庄。
啃着拔牙冰冻馍，飘落雪花汤泡饭，
棒打狍子瓢舀鱼，野鸡飞到饭锅里。

　　新中国成立后，恢复经济是头等要务，粮食成了当时中央领导人关注的一大问题，可当时的中国大地百废待兴，上哪儿去弄足够的粮食？北大荒进入了决策者的视野。"捏把黑土冒油花，插根筷子能发芽""棒打狍子瓢舀鱼，野鸡飞到饭锅里"。虽说词句有些夸张，但这充分说明东北地区绝佳的土壤肥力和丰富的物产资源，如果能对其进行卓有成效的开发，粮食问题岂不解决了？而1947年的初步开发又为大规模的开垦提供了很好的示范借鉴作用。1958年，中共中央八届二次全会决定，调集10万官兵开发北大荒。实际上，1958年前后几年间，共有14万转业官兵、10万知识分子和20万支边青年来到北大荒。新中国建国史上最大的一次垦荒潮在一片豪情壮志中拉开了序幕，浩浩荡荡的垦荒大军开始向这片荒原进发。

　　在东北三省和内蒙古东部，有一片被山岭环绕的我国最大的平原——东北平原。东北平原又大体上可分为三部分：位于黑龙江和乌苏里江之间的一块，主要是由黑龙江、松花江和乌苏里江冲积形成的，所以称为三江平原；南部的一块主要是由辽河冲积而成的，称为辽河平原；中间的一块，是东北平原的核心部分，主要是由松花江和嫩江冲积而成的，称为松嫩平原。东北平原的北部开发比较晚，特别是松嫩平原的北部和整个三江平原，直到新中国成立前还是一片长满野草的大荒原，这就是历史上被人们称为"北大荒"的地方。

北大荒读本

区域优势

北大荒有哪些地域特点呢?

位置境域
北大荒,位于东经 123°40′ 到 134°40′,横跨 11 个经度;从北纬 44°10′ 到 50°20′,纵贯 10 个纬度,总面积 5.53 万平方公里。包括黑龙江嫩江流域、黑龙江谷地与三江平原广大荒芜地区。它的北部是气度不凡的小兴安岭地区,西部是松嫩平原区。

水文特征
嫩江从伊勒呼里山千里南下,与松花江双水合流。东部是著名的三江平原区。黑龙江一泻千里,松花江九曲十折,乌苏里江温和恬静。三条水脉在平原深处幽然相汇,东流到海。

地质地貌
浩瀚的兴凯湖依傍其旁,秀丽的完达山横贯其中。平均海拔 54 米,万分之一的坡降构成罕见的平坦地势。北大荒是世界三大黑土带之一,土质肥沃,有机质含量平均在 3%~5%,有的地区高达 10% 以上。北大荒大部分地区土地肥沃,部分为低湿沼泽地。

试一试:同学们试着在地图上找一找北大荒的位置,看看你能找得到吗?

自然资源

北大荒有"捏把黑土冒油花,插双筷子也发芽"的美名。

北大荒有丰富的水利资源,地表江河纵横,地下水量可观,大气降水充盈,适宜农业发展。

北大荒生长季较短,但可以种植玉米、春小麦、大豆、甜菜、高粱等作物,需注意低温冷害。2 912 万亩耕地,以盛产小麦、大豆、玉米、水稻等粮食作物,驰名全国。北大荒现有林地 250 万亩、草原 616 万亩、水面 372 万亩。在利用资源、保护资源的进程中,北大荒正在呈现土变更,黑土生金;水变清,清流千里;树变绿,绿满青山的动人景象,成为一座绿色的宝库。

这里是世界三大黑土带之一。土质肥沃,有机质含量大都在 5%～8%,有的地区高达 10%以上。

这里有珍贵的矿产资源,煤、铁、铜、金、石油一应俱全。

这里还有极为丰富的野生动植物资源,山林中有虎、熊、獐、鹿;沼泽区有丹顶鹤、天鹅;河湖中的鳇鱼、鲟鱼、大马哈鱼、白鱼,俱是水产珍品。人参、猴头、木耳、蘑菇也都是名贵山珍……难怪历朝历代的人们不惧凶险、不畏艰难,竞相踏上那条几乎没有归途的开拓之路,为后代遗留下了可以凭吊的印迹。

北大荒原来并非是亘古荒原。

北大荒的位置境域、水文特征、地质地貌以及丰富的自然资源优势,为开垦北大荒创造了得天独厚的条件。

说一说:了解了北大荒的区域优势和自然资源,你是如何看待北大荒的呢?

北大荒读本

> 谁来开垦北大荒？

"北大荒"是谁来开垦出来的呢？

新中国建立后，国家对"北大荒"进行了有组织的开发。从1958年起，北大荒进入了大规模开发时期。数万名解放军复员官兵、知识青年和革命干部，响应党和国家的号召，怀着保卫边疆、建设边疆的豪情壮志来到"北大荒"。他们爬冰卧雪，排干沼泽，开垦荒原，建立了许多国有农场和军垦农场，为国家生产了大量的粮食，把过去人迹罕至的"北大荒"建设成了美丽富饶的"北大仓"，谱写出了"北大荒"开发史上灿烂辉煌的一页。

○○○ 知 识 窗 ○○○

"北大荒"的土地十分肥沃，辽阔的原野上到处都是"一脚踩得出油"的黑土，有机质十分丰富，被誉为"土中之王"。为什么这里能有这么肥沃的土壤呢？原来，这里夏季温暖，降水丰沛；冬季长而且寒冷，蒸发量小，所以空气湿度较大。土壤中的水分比较充足，这就使草类生长得十分茂盛。大量的草本植物为土壤提供了丰富的有机质。冬季里土地封冻，土壤中的有机质慢慢腐烂分解，形成大量的腐殖质，日积月累，丰富的腐殖质就把厚达一米的土层染成黑油油的颜色，形成了肥沃的黑土。

第一部分 垦荒的足迹

● 北大荒劳动奏鸣曲

同学们是不是很想知道我们的先辈是怎么开垦北大荒的呢？我们一起来欣赏一下他们的劳动奏鸣曲！

翻地

播种

晒场

入囤

思考题：看到先辈们的辛勤劳动，你想对先辈们说些什么吗？

知识窗

"北大荒"与"北大仓",一字之差的背后蕴藏着无数心血。几代拓荒人用青春和智慧征服了这片桀骜不驯的黑土地,实现了从北大荒到北大仓的历史性巨变,同时贡献了宝贵的精神食粮——"艰苦奋斗、勇于开拓、顾全大局、无私奉献"的北大荒精神。

想一想:现在谁来建设北大仓?

第一部分　垦荒的足迹

第二单元　马架子窝棚

第一课　认识马架子

马架子的由来

建场初期,农场资金不足,生产生活又急需房屋建筑。根据当时的条件,仿照附近农村房屋的样式,就地取材建起了一些简易房屋,做职工住宅、畜舍、零件库和修理间。简易房舍:墙是拉哈辫、土坯或杆夹泥,房顶苫草。建马架子这种房施工简便,成本低。

老师,我想知道,马架子是怎么得名的呢?

马架子是我国东北一种特有的民居建筑形式。用搭地窝棚的方法,建起10~20平方米的土、木、泥、草结构的一种简易住房,因远看像个马鞍子扣在地上而得名。

11

马架子特点

马架子的两个特点：

第一是黑。它的窗户极小，不少马架子都没有窗户，太阳一偏西，屋里就黑透了；第二是贴地潮气重，屋里的东西很容易发霉，有时还能长出蘑菇来。

马架子是如何搭建的呢？

居民搭建的马架子，介于窝棚和正房之间，也能长期居住。它和土墙茅草房一样，都是土坯砌墙，草苫顶，也有门窗。正如图片所示，我们要先建起10~20平方米的土、木、泥、草结构的一种简易住房，然后用泥巴和树枝搭成窝棚，再用几根圆木搭成"人"字形的骨架，糊上一层泥墙，盖上东北特产的"洋草"，这样，简易的马架子就搭建成了。

马架子优点

马架子最大的优点，就是搭建容易。伐木，割草，和泥，平整土地，埋柱子，钉横梁，垫木条，在木条上抹一层泥当墙，再铺上洋草，一间"A"字形的马架子就建成了。

马架子内部

马架子里面什么样子呢？

马架子的形状像一匹趴着的马，它只有南面一面山墙，窗户和门都开在南山墙上，这是昂着的马头，屋脊举架低矮。从正面看呈三角形，侧面看呈长方形。

上面苫草，门开在三角形一面。在地上铺一层厚厚的洋草，就成了两排通铺。虽然也有北方大炕的形状，但是不能像炕那样烧火取暖。

知识窗

"地窨子"，是在地下挖出长方形土坑，再立起柱脚，架上高出地面的尖顶支架，覆盖上兽皮、土或草而成的穴式房屋。北方地区，冬天挖个地窨储存蔬菜，可以不被冻坏，而且地窨里高浓度二氧化碳有防腐保鲜的作用。

思考题：想一想，人们为何喜欢马架子呢？

第二课　荒原上的第一个家

马架子里的艰苦生活

老师，马架子里的生活一定很艰苦吧？

　　马架子里的生活是非常艰苦的。冬天没有热炕，垦荒的人们不仅要穿棉衣上"炕"，还得戴帽穿靴，即使这样，晚上也常常被冻醒。4月开春，"炕"下的冻土开始融化，马架子里成了大泥塘。马架子是茅草苫顶，冬天下雪还没大问题，开春后下雨就麻烦了。大雨大下，小雨小下，外面不下，屋里滴答。到了夏天，荒野上的蚊虫在马架子里来去自如，威风八面。

　　马架子属于集体宿舍，吃喝拉撒都没法"隐私"，洗澡更成问题。3月，10万转业官兵开进北大荒，居住在简易便捷的马架子里，在荒原上站住了脚，也抵御了零下几十度的严寒和成群出没的野兽。有的老垦荒队员回忆说，他3月开进北大荒，天天干活，一身臭汗，从来没洗过澡，直到5月，大地彻底化冻，他才在野地的水泡子里痛快地洗了一次澡。

马架子精神

> 人们为什么对马架子情有独钟呢？

官兵们普遍对马架子情有独钟，在他们眼里，马架子就像屹立在荒原中的金字塔，神圣庄严。马架子是他们在荒原上的第一个家。炕上绘宏图，炉边谈远景。无思乡之叹息，无畏难之逃兵。革命者曰：展望前途，无限光明。马架子是泥土和茅草搭建的纪念碑，镌刻着艰苦创业和乐观主义精神，这种精神，值得人们永远敬仰。

当时人们的生活条件是艰苦的，开荒建点儿的任务是繁重的。冬天被寒冷围困，夏季被蚊虫叮咬，但大家的血是热的，心是暖的，因为心中有希望和梦想。他们承受了难以想象的艰难困苦，战天斗地，百折不挠，终于在那片荒原上开垦出了属于自己的第一个家。他们的这种精神，在与困难的不懈斗争中传扬；他们的这种精神，是北大荒英雄群体创造的奇迹；他们的这种精神，将在艰难的拓荒史上熠熠生辉！

在先辈的努力奋斗下,才有了我们今天的幸福生活,对此你想说什么?

思考并各抒己见:
A:先辈们太不容易了,我们要好好珍惜今天的幸福生活。
B:我们要好好学习,报效祖国。
C:_____

第一部分　垦荒的足迹

第三单元　人肩拉犁

第一课　农垦事业的第一犁

◉ 认识"犁"

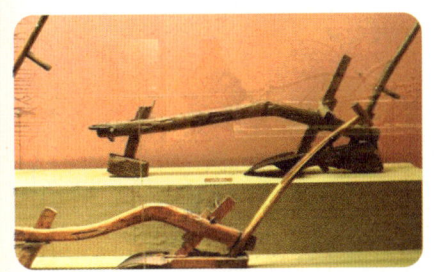

同学们,在我们北大荒博物馆住着一个古老的农用工具——犁杖,它已经有70岁了,它就是见证了我们北大荒的发展与进步的"第一犁"。

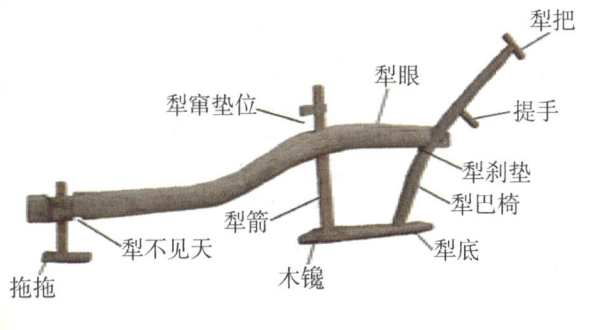

什么是犁？它又是干什么用的呢？

○○○ 知识窗 ○○○

犁

　　是一种耕地的农具。由在一根横梁端部的厚重的刃构成,通常系在一组牵引它的牲畜或机动车上,也有用人力来驱动的,用来破碎土块并耕出槽沟从而为播种做好准备。

17

北大荒读本

开垦荒原前准备工作

建场前打草工作

耕田，照例由牛拉犁。可那时，一个生产队也就一两头牛。队里牛力不足，只能组织人拉犁了。人拉犁，一张犁最少要四个人，三个人拉犁，一个人扶犁。第一个拉犁人，叫头鞭，双手握一根竹竿，以稳脚步。第二人劳力单些或年岁大些，只要手扶绳索低头向前。有经验的农民，最后"带鹞"，他一边拉犁一边用手抓住鹞绳。犁浅了，松松鹞绳；犁深了，提提鹞绳，使木犁耕翻的泥土差不多深浅。

第一部分　垦荒的足迹

● 北大荒"第一犁"

1945年12月28日，毛泽东亲笔起草了中共中央给东北局关于《建立巩固的东北根据地》的指示。1947年6月，东北局财经委员会召开会议，陈云强调："东北行政委员会和各省都要在国民党难以插足的地方，试办国营农场，进行机械化试验，以迎接解放后的农村建设。"当月，一支由18人组成的小分队便离开哈尔滨直奔荒原深处去执行这个特殊的任务。6月13日，松江国有第一农场在宁安正式宣告成立。这支小分队调来了3台旧火犁、2台四铧犁，经过两个月艰难的准备，8月12日，共和国农垦事业的第一犁在这里破土，北大荒第一粒种子在这里萌发。经过40多天的艰苦奋斗，他们陆续开垦出93公顷土地，实现了当年垦荒、当年播种、当年收粮的奇迹。

1947年6月13日投入了开荒生产，宣告农场正式成立，也就是开始了北大荒的"第一犁"。

19

北大荒读本

第二课　人拉犁开荒

听爷爷讲人拉犁的故事

1958年5月,到了开荒种地的时节。可是眼看就要过了种地季节了,地里还有水。季节不等人呀!开不出荒,就种不上地,种不上地,就意味当年对国家没贡献,甚至口粮也要伸手向国家要,这怎么能行呢!不等不靠,自己动手,人工拉犁开荒!

每刨一镐,把泥水溅起老高,人都变成了泥猴,满脸都是泥水,只露出一口白牙。

○○○ 知识窗 ○○○

垄

指乡村田间种植作物的土行,中间以土高高填起来,高于两侧的土地。

第一部分　垦荒的足迹

开垦荒原

战士们是在怎样恶劣的环境下开垦荒原的呢？

　　一支由转业官兵组成的人工拉犁开荒大军踏着晨露出发了，开荒分组，一组25个人，开荒犁前边是两副绳套，一边用12个人拉，合计为24个人。后边一个人扶犁，随着扶犁队长一声令下：开始！前边24个人绷紧了绳套，弯背弓腰，后腿使劲蹬，大犁缓慢地前进，地表的草皮子发出丝丝的断裂声，沉睡千百年的荒原苏醒了，由于草皮子韧性大，在后面扶犁的人不得不一边扶犁一边用脚猛踹伐片，手拽大绳拽得火辣辣。大绳放在肩膀上，时间长了，把肩膀勒得血糊糊；早春的蚊子在身边嗡嗡叫，汗水从额头滚下，掉进脚下的泥水里，脚下时而是一踩一咕叽的泥水，时而是淹没人影的灌木丛，鞋被扎破了，衣裤刮烂了，血水和着汗水、泥水渗进了黑土地里，然而就在他们身后，一犁犁黑土伸向天边，一垄垄豆苗成长起来。

后来，50人拉一台双轮单铧犁，20人拉一台双铧犁，你可以想象，广阔的黑土地上北大荒人喊着号子，奋力拉犁的壮观场面。

知识窗

　　他们究竟流过多少汗？如果每人一天至少一百滴汗，这十万人每天就是一千万滴汗水，一年就是三十六亿五千万滴汗水，换算成体积，就是3650立方米，而黄河平均每秒流量是1774.5立方米，这是黄河每秒流量的2倍。这是真实的数字，可不就是千吨汗嘛！无数人在这里洒下汗水，在这片土地上无私地奉献。他们在这片荒原上艰辛劳作，你可以想象出，他们每天又何止百滴汗，千滴汗……至今所流淌的汗水又何止千吨呢？这所有的一切，北大荒永远都不会忘记。

21

北大荒读本

> 向垦荒先辈学习

　　北大荒工作的极端艰苦并没有使拓荒者们退缩,他们以顽强的精神、乐观的态度、坚忍的意志继续战斗在大荒原上。"早起三点半,归来星满天;啃着冰冻馍,雪花汤就饭;走着创业路,不怕万重难;吃苦为人民,乐在苦中间!"就是在这样的条件下,他们在茫茫的丛林中、一望无边的草甸上,开垦出一片片良田,建起了一批批国有农场。

知识窗

北大荒精神

　　北大荒精神就是"艰苦奋斗、勇于开拓、顾全大局、无私奉献"。这十六个字,字字铿锵有力,发人深思。北大荒人在创造丰硕的物质文明成果的同时,在把北大荒打造成北大仓的同时,更用他们的青春和生命,忠诚与坚韧为后人留下了名传千古的创业精髓。

第一部分　垦荒的足迹

了解了人工拉犁开荒的历史,见证了我们先辈开荒的壮举后,你有什么感受和启示吗?

思考并各抒己见:
A:感受到人拉犁十分艰苦,我们应该珍惜已有的劳动成果。
B:我们要学习北大荒精神,长大为家乡做贡献。
C:＿＿＿＿＿＿＿＿＿＿＿＿＿＿＿＿＿＿＿＿＿＿
D:＿＿＿＿＿＿＿＿＿＿＿＿＿＿＿＿＿＿＿＿＿＿

第四单元　赵光烈士

第一课　车站上的纪念碑

▶ 赵光烈士纪念碑

滨北线上有一座四等站，叫赵光站，距哈尔滨307公里，距北安26公里；1932年建站。站舍北侧的站台上，有一座赵光烈士纪念碑，凡是通过这里的旅客列车，车上的旅客都能看见醒目的纪念碑。

1949年6月20日，中共通北县委和县人民政府决定，号召全县共产党员和革命群众，学习赵光同志的革命英雄事迹，继承赵光烈士的遗志，搞好革命和建设，并决定将赵光同志牺牲的地方——通北站，改为赵光站。

纪念碑

为纪念有功绩的人或重大事件而立的石碑。

精神永留传

2006年3月，赵光烈士纪念碑被黑河市政府公布为市级文物保护单位；2007年6月，被黑河市委、市政府公布为市级爱国主义教育基地。

每年清明节，农场组织各界人士和中小学生参加祭扫烈士墓活动，纪念赵光烈士，让大家了解革命烈士的英雄事迹，培养爱国情感。

人民英雄纪念碑

人民英雄纪念碑位于北京天安门广场中心，在天安门南约463米，正阳门北约440米的南北中轴线上，是中华人民共和国中央人民政府为纪念中国近现代史上的革命烈士而修建的纪念碑。

1949年9月30日，中国人民政治协商会议第一届全体会议决定，为了纪念在人民解放战争和人民革命中牺牲的人民英雄，在首都北京建立人民英雄纪念碑。1961年，人民英雄纪念碑被中华人民共和国国务院公布为第一批全国重点文物保护单位之一。

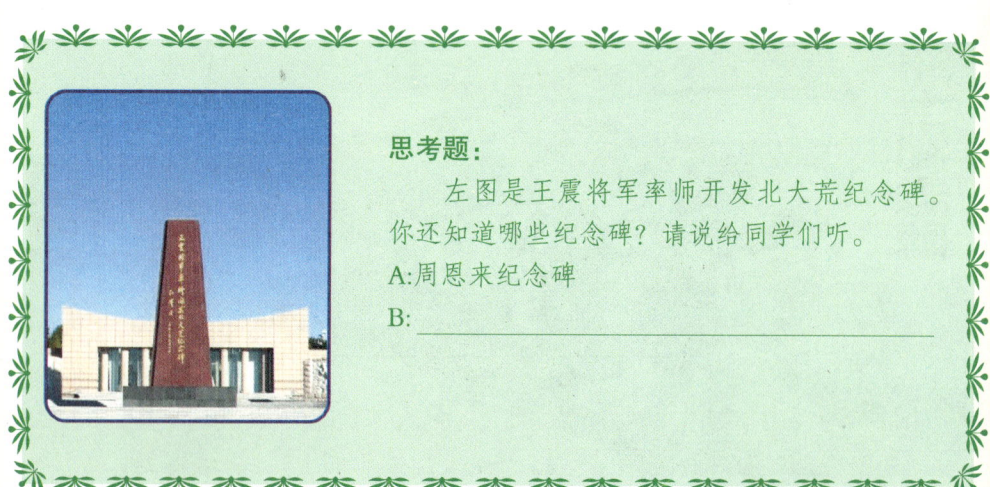

思考题：
左图是王震将军率师开发北大荒纪念碑。你还知道哪些纪念碑？请说给同学们听。
A：周恩来纪念碑
B：_____

第二课　赵光烈士生平

> 赵光烈士

　　1945年11月18日,赵光和李仰南、郭德华等同志被黑龙江省委派到通北县,从维持会手中接管县政权,组建通北县民主政府;赵光担任县政府政务秘书。

　　1945年12月19日晨,赵光同志去北安向省委汇报通北县民主政府开展群众工作、发展革命队伍和进行对敌斗争的情况（当时中共黑龙江省委在北安）;在通讯员邢殿墀的护送下,冒着凛冽的寒风,从县政府①坐爬犁来到通北车站②;在候车室门口与辛荣久③、宋振武等十多名武装叛匪遭遇;赵光同志与叛匪进行了英勇搏斗,因寡不敌众,壮烈牺牲,年仅23岁。

○○○ 知识窗 ○○○

　　赵光,河北荣城县人,生于1922年8月1日。1937年在抗日战争中参加革命,光荣地加入了中国共产党。1945年抗日战争胜利后,赵光遵照党中央的指示到黑龙江省开展革命工作。

---

①现北安农管局赵光农业机械化学校所在地北安市赵光镇前进村。
②现赵光车站。
③混入革命队伍的国民党东北挺进军第三旅第三团团长。

说一说

你还知道哪些英雄人物的事迹,讲给同学们听。

缅怀先辈　感恩幸福

在开垦北大荒的建设中,还有许许多多的人和赵光烈士一样用自己的理想信念和血肉之躯为北大荒谱写了一曲曲英勇牺牲、无私奉献的英雄赞歌。据有关方面统计,在北大荒的开垦中,有12000多人长眠于辽阔而富饶的北大荒,将生命永远奉献给了这片神奇的黑土地,而这仅仅是整个黑龙江垦区故去者的

一部分。在60多年艰苦创业的岁月里,有50000多转业官兵、支边青年、知识分子、知识青年永远长眠在北大荒。

第一部分　垦荒的足迹

　　同学们,我们要珍惜这来之不易的幸福生活,以先辈为榜样,弘扬北大荒精神,发奋图强勤奋好学,珍惜时间。从小养成良好的习惯,练就一身本领,长大后为祖国贡献自己的所有力量,把祖国建设得更加富强,让中华民族傲然挺立于世界民族之林!

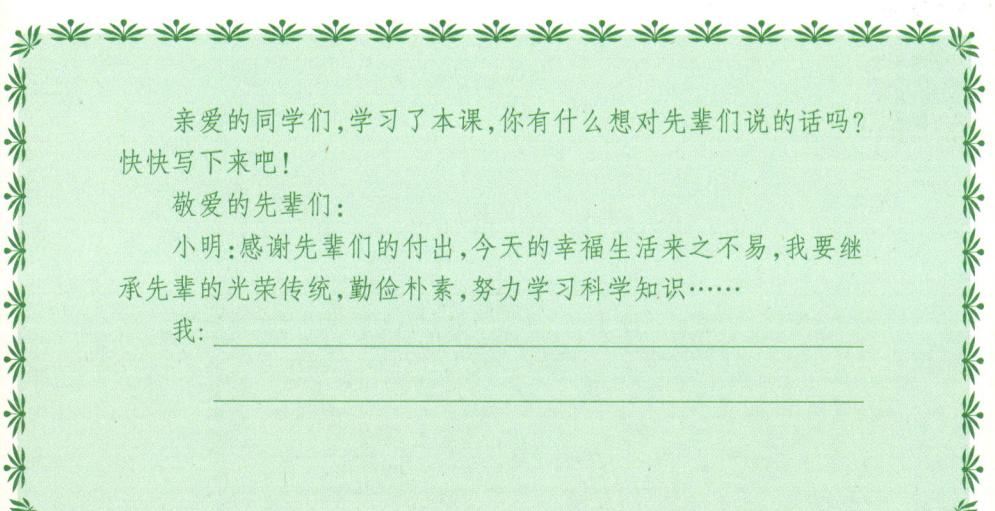

　　要学会感恩、同情、宽容、忍耐、积极与真诚。希望是心灵的一种支持力量、逆境的回馈,使生命更加精彩而富足。感恩是一种美德,更是一则芬芳的誓言;感恩是一种幸福,更是一个永恒的支点。

　　亲爱的同学们,学习了本课,你有什么想对先辈们说的话吗?快快写下来吧!
　　敬爱的先辈们:
　　小明:感谢先辈们的付出,今天的幸福生活来之不易,我要继承先辈的光荣传统,勤俭朴素,努力学习科学知识……
　　我:_____
　　_____

第二部分

前赴后继

第二部分　前赴后继

第一单元　共和国第一个国有机械农场

第一课　农垦北安管理局——赵光农场

赵光农场名字的由来

赵光农场是我国第一个国有机械农场，1947年由东北行政委员会创建赵光农场，原名为通北机械农场，后为纪念为开辟通北工作而牺牲的赵光同志，而改为赵光农场。黑龙江省农场总局系统国有农场，隶属北安农场管理局。赵光农场，原名"国营通北机械农场"，因其位于通北县境内得名；后以通北县赵光区名改为赵光农场。

赵光农场的地理位置

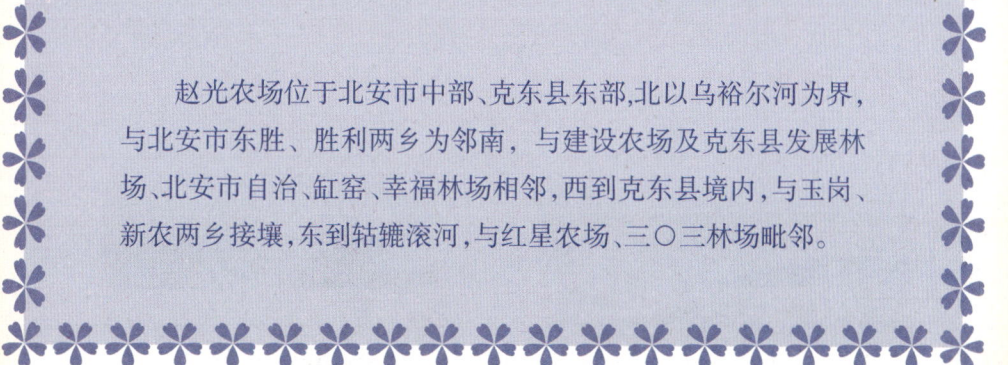

赵光农场位于北安市中部、克东县东部,北以乌裕尔河为界，与北安市东胜、胜利两乡为邻南，与建设农场及克东县发展林场、北安市自治、缸窑、幸福林场相邻，西到克东县境内，与玉岗、新农两乡接壤，东到轱辘滚河，与红星农场、三〇三林场毗邻。

北大荒读本

知识窗

赵光农场地处风景秀丽的小兴安岭南麓,美丽的乌裕尔河畔,全境分布在北安市中部,克东县东部。经过70年的开发建设,赵光农场已发展成为集种、养、加于一体的大型国有农场——一座新兴的农垦现代化小城镇。人口由建场初期的15人发展到现在的3万余人,总户数达10 887户。现有9个农业管理区,配套农机具3 015台(件),农机总动力7.5万千瓦,土地面积65.8万亩。其中,耕地面积49.8万亩,三代垦荒者在这块亘古荒原上用鲜血、生命、汗水铸成了座座丰碑……

《老兵新传》的故乡新貌

问:同学们,你知道老兵新传的故乡是哪个农场吗?有一部电影叫《老兵新传》,你们谁看过吗?

《老兵新传》是著名作家李准以赵光农场创建时期艰苦奋斗的历史为原型创作的。这部电影上映之后,深受全国观众喜爱,成为风靡一时的电影佳作。它让全国人民第一次了解了农垦事业的伟大壮举。1959年国庆节前夕,大型彩色故事片《老兵新传》在中国电影参加莫斯科举办的国际电影周上获奖。在国庆十周年《人民日报》《黑龙江日报》等各级报纸都宣传赵光农场建设发展中不平凡的战斗历程,北京农业展览馆展出了赵光农场发展史。因此,无论走到哪,只要一提起《老兵新传》的故乡,大家就知道是黑龙江省赵光农场。

赵光新貌　　　　　　大型机械化正在作业

第二部分　前赴后继

广场舞表演

大型机械在耕地

新进大型机械

学校升旗仪式

知青返乡

非转基因大豆

想一想、议一议：
1. 我国第一个国有机械农场是哪个农场？是在哪一年创建的？原名叫什么？
2. 我国第一个国有机械农场——赵光农场如今的情况怎样？

33

第二课　赵光农场的故事

创办机械化农场

周光亚,男,1915年12月生于辽宁省开原县,1947年,当解放战争的炮火还在燃烧的时候,为了建立巩固的东北根据地,同时为创办国有农垦企业积累经验,东北行政委员会派周光亚等同志到通北,在日本开拓团旧址的一片废墟上创办了国有通北机械农场,开始了国有农场历程。

赵光火车站

知识窗

1947年夏,东北行政委员会主席林枫根据中央指示,部署在北满创建一个大型国有机械农场的工作,东北行政委员会农林处处长魏震五选派周光亚等建农场。当年,周光亚到三河参观考察了旧俄的机械化农场。11月,在农林处的技术干部和两位德籍专家的指导下,制订了建场规划,选在通北车站(现赵光站)一带大片荒原建农场。

第二部分　前赴后继

○ 创办机械化农场的艰辛过程

建场场部

这就是我的爷爷、奶奶住过的地方

苏联进口拖拉机

军用帐篷夜宿

35

女司机正在学车

领导视察

农忙时,为节约往返的油料和时间,就在草原上搭起一排排绿色军用帐篷,同志们夜宿荒原,以帐篷为家,生活条件极为艰苦。

全场共有场长周光亚、作业股股长王荫坡、总务股股长廉亨太等15名同志。全部财产为:一栋旧砖房、一个小木桌、几个泥盆、泥碗和1500元建场资金,由周光亚、廉亨太、王福生三人组成的临时党支部成立了。

农耕时节齐上阵

马拉耙犁

第二部分　前赴后继

哇！这就是爷爷、奶奶说的牵引式康麦因和东风收割机。

小记者在行动：

1.在建场过程中周光亚等同志克服了哪些困难？

2.在当时生活条件极为艰苦的情况下,吃窝头、喝雪水、住马架等,如果你在其中你会克服这种困难吗？

3.那个时代的生活和我们如今的生活相比你有何感想？结合我们实际的生活情况,以"家乡的变化"为题,写一篇小短文。

北大荒读本

第二单元　巾帼不让须眉

第一课　女拖拉机手的传奇

梁军简介

你认识图片上这位老奶奶吗？想了解她的故事吗？

她就是在我国1962年发行的第三套人民币一元券上英姿飒爽的女拖拉机手，也是我国第一位女拖拉机手——梁军。

梁军的学习经历

梁军1947年在黑龙江省委德都县创办的一所乡村师范学校——萌芽学校学习，边劳动边学习。1948年黑龙江省委在北安开办拖拉机手培训班，她参加培训学习。

第二部分　前赴后继

梁军的工作经历

1950年6月3日，新中国成立了第一支女子拖拉机队，梁军就是队长。

梁军永远忘不了那段艰苦奋斗的日子,她们驾驶着三台苏式"纳齐"拖拉机在荒无人烟的野地里昼夜不停地开荒,喝的是荒野上的溪水,吃的是粗粮和野菜。由于经常遇到狐狸、野狼,为此,拖拉机上备有步枪。日子虽然苦,但是看着我们的拖拉机一走过就是一片肥沃的黑土地,我的心里产生了一种强烈的自豪感——我们是共和国的主人,是开发北大荒的主力军!

梁军的晚年生活

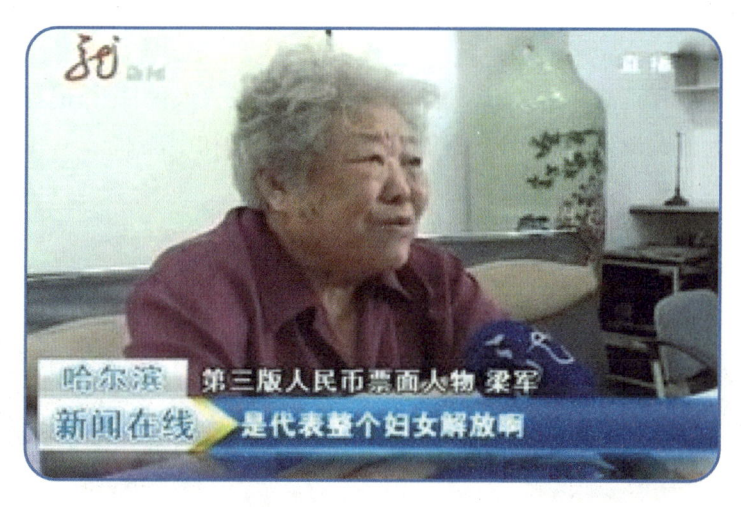

哈尔滨　新闻在线　第三版人民币票面人物 梁军　是代表整个妇女解放啊

想一想：

在梁军身上你看到了哪些优良品质？你想学习她什么？在生活中你打算如何做？

第二课　北大荒的"云雀姑娘"

1950年3月，刚满14岁的刘瑛，背着干粮袋，带着满腔的激情"飞"向北大荒，刘瑛满怀希望地来到了通北机械农场开拖拉机！从此，她一头扎在工人中间，开车、修车，不论什么活她都干，有时弄得满身油污她感到很自豪。夜班翻地回来，困得不行了，也不管炕上睡的是男是女，扒拉个空儿，大衣一裹便睡着了。工作闲暇之余，抱起工人脱下的油衣到水池边洗得干干净净。刘瑛用欢乐把苦和累赶到九霄云外。

她，就是50年代曾以"云雀姑娘"誉满北大荒的刘瑛。

在当年的开荒战斗中，她被评为三等劳模。不久，《人民日报》记者报道了刘瑛在北大荒锻炼成长的事迹，报道稿被选入当时的初中课本。

2012年7月23日，垦区第一代女拖拉机手、年近八旬的刘瑛回到阔别多年的第二故乡——赵光农场，故乡翻天覆地的变化让刘瑛目不暇接，长势喜人的农作物、园林式的小城镇和洋溢在职工群众脸上的笑容给她留下了深刻的记忆。

第二部分　前赴后继

刘瑛参观农场养老活动中心

刘瑛在操纵先进的大马力机车

在农场青少年活动中心，刘瑛一行还为这里的孩子们讲述了赵光农场的来历及当年破荒拉犁、战天斗地的垦荒故事，让孩子们深受感动。刘瑛鼓励当代年轻人要好好学习，继承和发扬北大荒精神，努力把农场建设得更加繁荣富强。

刘瑛在给中学生讲垦荒故事

赵光农场青少年活动中心

想一想：
我们现在生活的环境与14岁的刘瑛的生活环境有什么不同？

说一说：
你学习本课有什么收获？

第三单元　英雄的战士　火红的青春

第一课　在烈火中永生

在开发建设北大荒过程中，以知识青年为骨干的拓荒者为开垦北大荒做出了重要贡献，甚至付出了生命的代价。他们没有豪言，更没有壮语，在关乎国家财产和人民生命安全的紧要关头，他们临危不惧，挺身而出……北安垦区尾山农场救火英雄"七姐妹"就是众多献身北大荒并用生命在黑土地上演绎了火红青春的代表之一。

英雄的心声

同学们，你们知道七位救火女英雄的名字吗？

青春红似火　壮志比天高
——记黑龙江省尾山农场七名女知识青年为扑灭山火而英勇献身的事迹

杨淑云同志日记摘抄

1975年5月2日

是海燕就不怕电劈雷轰，是雄鹰就要去搏击长空。我们是无产阶级革命事业的接班人，哪里困难就往哪里冲。

檀文芳同志笔记摘抄

1975年8月30日

今天，我向团组织递交了入团申请书，希望团组织能考验我，在组织的帮助和教育下，在农村这个广阔的天地里更快地锻炼成长。

同学们真是了不起，找到了这么多材料。我们大家在感受七姐妹崇高思想的同时，从中受到了怎样的启发和鼓舞呢？

第二部分　前赴后继

闪光的青春

这些离我们很久远的手绘图片是不是引起了大家的好奇？

同学们，你知道这是英雄七姐妹在什么时期的生活吗？

从图中你发现她们当时的生活怎么样？
在那样的艰苦环境中她们的表情怎么样？

这就是七姐妹下乡期间在那种艰苦的环境下是如何勤奋工作、学习，互帮互助，快乐面对生活的真实写照。

43

北大荒读本

> 奋不顾身救山火

火红的青春，永恒的生命

1976年3月13日中午，尾山农场的小洪山附近突然升起一股浓烟，一场由相邻农场烧荒引起的山火，顺着大风，向六队驻地猛扑过来。正在宿舍写日记的杨淑云，听到广播中传来的救火号令，飞奔而出；正躺在病床上的朱慧娟甩掉身上的棉袄，一个箭步冲了出去！不到十分钟，六队的干部和青年全部冲到了火场，没有片刻迟疑，杨淑云、檀文芳、施宝慧、李桂芬、汪贵珠、朱慧丽、朱慧娟和战友们一起冲上去了！

浓烟呛得人睁不开眼睛，然而，她们没有后退一步，而是挥舞着树枝、棉衣，一个挨着一个，顽强地向前推进。杨淑云冲在最前面，战友赵江海发现杨淑云棉袄的袖子冒烟了，辫子也已烧着，赶忙帮她将身上的火扑灭，拦住她说："你赶紧到东北方向去，那边安全！"只见杨淑云用手往火里一指，急切地说："火里还有人！"说着又举起树枝，又一次冲进了火海。刚从上海养病提前回场的朱慧娟和姐姐朱慧丽一起，并肩扑火。经过十几分钟的激烈战斗，火势被暂时控制，可就在这时，从沟底到山坡突然刮起一阵旋风，火借风势，战士们的周围又成了一片火海，最终大火被扑灭了。七名女知青为了保护国家财产，献出了年轻的生命。

1. 七名女英雄的哪些品格最让你感动？
2. 你从七位女英雄的身上学到了什么？

薪火传承

> 历史不会忘记，北大荒更不会忘记她们。你还能说出哪些英雄的名字吗？

> 同学们，学习了英雄七姐妹的事迹你有什么感受和启发呢？

祭奠烈士英灵　　　　　　　　清明节为烈士扫墓

知识窗

赖宁（1973年10月20日—1988年3月13日），原名赖麟，四川雅安市石棉县人，生前为石棉中学初中二年级学生。1988年3月13日，为了扑灭突发山火，挽救山村，保护电视与地面卫星接收站的安全，主动加入了扑火队伍，在烈火中奋战四五个小时后遇难，年仅15岁。1988年5月，共青团中央、国家教委授予赖宁"英雄少年"的光荣称号。

第二课　守护军马的人

> 历史背景

> 哦！那一定是军马了。

> 你了解骑兵吗？骑兵战士最亲密的伙伴是谁？

骑兵是那个时代重要的兵种之一，以其出击快速、敏捷而备受青睐，后来被机械化部队所代替。

新中国成立以后，中国人民解放军特别注重中国骑兵队伍的建设，为此在全国各地建立了多个军马养殖基地。在祖国边陲黑龙江地区就有这样一个养军马的农场——逊克军马场。

> 1956年10月，毛主席发出"农村是广阔的天地，到那里可以大有作为"的号召。大批知识青年上山下乡，接受贫下中农的再教育。

> 为响应党和国家的号召，知识青年上山下乡奔赴祖国边疆。

第二部分 前赴后继

● 青春足迹

1969年夏天，一批哈尔滨知青，来到祖国东北边陲一处军马养殖基地——中国人民解放军逊克军马场，其中就有年仅19岁的母维平。

母维平和知青们来到军马场，受到当地群众的热烈欢迎。

母维平被分配到军马场十二连放牧班，担任军马放牧和饲养工作。

图为母维平第一次骑上军马照片。

母维平和知青们在劳动之余紧张排练样板戏。

当时红极一时的"八个样板戏"你都知道那几个？

《红灯记》《智取威虎山》《沙家浜》《海港》《奇袭白虎团》及芭蕾舞剧《红色娘子军》《白毛女》。

在那个年代,到处是知青的身影。体育、教育、文化、生产,一片生机勃勃的景象。知青给军马场带来了极大的活力,也很快成为当地群众最信任、最可爱的人。那时从小学生到中学生,都是在这些知青的培养和熏陶下成长起来的,知青是他们的大哥哥、大姐姐和永远难忘的老师。

(图为母维平和知青们利用休息时间组织群众读书看报,学习文化知识)

母维平和很多知青,经常在假日休息时帮助当地群众排忧解难。为老职工家劈柴、担水、打扫卫生,把节省下来的粮油送给家庭生活困难的职工等。队里挖防空洞,母维平不怕倒塌的危险,冲在最里边。猪号打井,他在潮湿的井下,一干就是几个小时。上山拉木头,他总是抢大头抬。他在日记中这样写道:为革命我要永远抬大头。由于他在工作中踏实肯干,任劳任怨,不怕脏,不怕累,先后多次受到表扬,还被评为"五好职工""劳动骨干"等。

在那艰苦的年代,是什么精神支撑母维平和其他知青创业者坚守北大荒?

英雄罹难

知青英雄母维平

　　1970年6月9日，母维平和同一班组的王凤为了种马能吃上鲜嫩的好草，赶着种马拉着车，来到离马厩两三公里的一个泡子边放牧、割草。两人正忙碌着，突然，拉车种马挣脱拴马缰绳，在马车的推动下，连车带马，落入深水。母维平不顾一切跳入冰冷的水中，王凤急忙喊："水太深，你不会游泳，危险！""我不要紧，快回去叫人！"母维平说着向军马冲去，并向王凤招手，"快，快去！"谁知这一招手，却成了战友间的永别。

　　母维平牺牲后，人们在清理他的遗物中，发现了一本没有写完的日记和一份入党申请书。在他的日记中，有这样的一段话：在党和人民需要我献身的时候，我会毫不犹豫。

　　逊克军马场党委，根据母维平生前的表现和本人的愿望，追认他为中国共产党党员，中国人民解放军总后勤部授予他烈士称号，国务院向其家属颁发了烈属证书，白城军马局追记他二等功，同时号召全军马局学习他的事迹。

　　1970年底，白城军马局、逊克军马场以及十二队全体人员，在距十二队不远的东山上，为母维平修墓立碑。他那不怕苦、不怕死和舍己为公的忘我精神，永远留在人们的心中。

想一想

　　这是一个发生在北大荒土地上的真实的故事。想一想母维平为什么会不顾个人安危去抢救落水的军马？

议一议

　　作为北大荒人的后代，我们应该怎样为家乡建设贡献自己的力量？

知识链接

　　金训华(1949—1969)，男，汉族，中共党员，上海人。1969年5月他和一大批上海知识青年到黑龙江省农村插队落户，被分配到逊克县逊河公社双河大队，8月15日下午，暴发特大山洪，金训华为抢救国家财物牺牲于激流中，被追认为中国共产党党员。

　　英雄无悔，薪火传承。作为新一代北大荒人，我们应当学习他们身上哪些精神品质？请同学们写出自己的心理感受，不少于300字。

第二部分　前赴后继

第四单元　北大荒的春天

第一课　铁骨铮铮自奋蹄

你知道点燃黑土地第一把荒火的是谁吗？

1956年，王震点燃铁道兵农垦事业的第一把荒火

"黑土地第一把荒火从这里点燃，北大荒第一粒种子从这里萌发。"20世纪50年代初，10万转业官兵带着他们的梦想，在东北三江平原的亘古荒原上开始了"向地球开战，向荒原要粮"的伟大壮举。半个世纪以来，先后由14万转复官兵，5万大专院校毕业生，20万山东、四川等地的支边青年，54万城市知识青年和地方干部、农民组成的垦荒大军，继承发扬解放军的光荣传统和"南泥湾"精神，头顶蓝天、脚踏荒原，人拉肩扛，搭马架、睡地铺，战胜重重困难，用火热的激情、青春和汗水把人生道路上的句号画在了祖国边陲那曾经荒芜的土地上，开垦万亩良田，建起国有农场，梦想建设大粮仓。

北大荒读本

● 劳动工具的改进

我们来看一看当年的垦荒工具吧！

人工播种

链轨式拖拉机

第二部分　前赴后继

你知道关于火犁的故事吗？

侵华日军开拓团扔下的"万国"拖拉机

　　1947年的一天，有人发现在轱辘河桥下有一台日本开拓团逃跑时丢弃的"火犁"冻在河床里。节气不等人，周光亚带头，小伙子们一个个脱掉棉衣，下桥围着"火犁"刨起冻土来；春寒料峭，河床土层上化下冻；站在泥水里刨土使不上劲，又不能碰坏这娇贵的铁疙瘩；一个个刨得满身大汗，下身又瑟瑟发抖。周光亚事先带来了白酒，桥边拢上火堆，每人轮流喝上一口，刨上一阵就上来暖暖身子；日头偏西，总算把这台洋"火犁"请上了岸；接着又用大车拽着铁疙瘩，利用雪道的滑力，又拽又拉地把它拉回了场部。这就是当年通北机械农场的第一台拖拉机。

当年的大机械

探讨一下：
　　同学们，你们还知道哪些垦荒工具吗？

53

居住条件的变化

当年的住房是这样的，同学们，你们能说出它们的名字吗？

马架子窝棚

杆夹泥房屋

十万专业官兵开发北大荒，当时用于抵御严寒和野兽的住所就是马架子窝棚。建场初期，根据当时的条件，仿照附近农村房屋的样式，就地取材建起了一些简易房屋，做职工宿舍；简易房舍墙是拉哈辫、土坯或杆夹泥，房顶苫草。1950年，二龙山农场建起了第一栋砖瓦结构的房屋。1957年，红色边疆农场建成了第一栋砖瓦房。随着居住条件的不断改善，20世纪70年代，建起了楼房。

同学们，你们知道为什么要建这种简易的房屋吗？

土坯房

第二部分　前赴后继

建场初期的砖瓦房　　　　20世纪70年代的楼房

那些当年开垦北大荒的勇士们，有些可能已经长眠在这块沸腾的土地上，可他们和所有的共和国的英雄们一样，他们的热血，已经在这块英雄的土地上浇灌出了一代代绚丽的鲜花；他们的成果，已经幻化成一种力量；他们的行动，将激励着一代又一代的中华儿女。

想一想：
　　读下面的几句诗，你能想象一下老一辈垦荒者垦荒的情景吗？

在冻土上耕耘着春天，
在残雪上收获着理想，
在沼泽中跋涉着追求，
在奋斗中奉献着自己。

55

第二课　敢教日月换新天

　　北大荒的故事不是过去式，它的传承还在延续；蓝蓝的天空下，碧绿的蔬菜向白云招手，金黄的麦穗低着头；辛勤的耕牛变成了钢筋铁骨的机车，北大荒人的脸上新添了几多笑意；这里已成为国家商品粮基地，书写着现代农业的传奇。听，慷慨激昂的国歌里有北大荒的呐喊；看，随风飘扬的红旗中有北大荒的激情；历史见证着北大荒的巨变。

● 粮食产量的提高

过去的北大荒

开垦后的北大荒是这样

第二部分　前赴后继

黑土长出了秧

收获的玉米

一望无际的麦浪

○○○ 知识窗 ○○○

　　1949—1959年,北大荒粮食作物播种面积迅速扩大,增长了7.9倍,年平均增长率高达47.24%;粮食单产不断提高,增长了67%;粮食总产量增长了79倍,而同期全国粮食总产量只增长了50%,年平均增长率达到54.99%,首次创下了长达11年(1949—1959)的粮食持续增长、无负增长的纪录;粮食商品率由19.7%提高至38.7%,提高了19个百分点。其中,在1950年,粮食商品率首次超过了50%,达到了52.5%,而后4年(1951—1954年),仍然在50%以上,这是北大荒对全国商品粮的第一次标志性贡献。

北大荒读本

文化生活的丰富

　　数以万计的大中专毕业生，他们以开发建设北大荒为己任，积极投身北大荒的科技文化教育事业；不仅把青春年华和全部才智都献给了北大荒的建设事业，更成为垦区文化知识的传播者和科学研究的带头人，为北大荒的深度开发和可持续发展，奠定了坚实的科技基础。20万支边青年，54万从全国一些大中城市"上山下乡"到北大荒的城市知识青年，不但给垦区带来了文化知识，也带来了朝气蓬勃、奋发向上的精神风貌。

你见过当年的照相机、电影放映机吗？

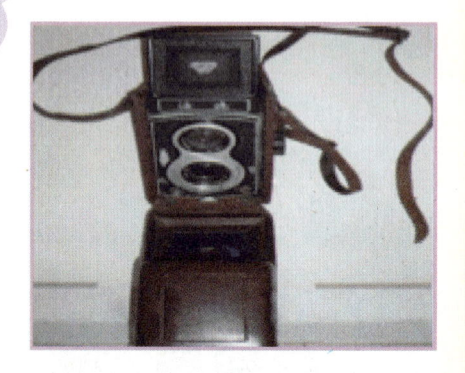

知识窗

1952年，通北农场建立电影放映队，使用的是法国产16毫米移动式放映机。二龙山农场也于1952年开始放映电影，使用的是苏联产200型16毫米放映机。建场初期没有俱乐部，晴天露天放映电影，雨天临时找场地。1958年后，各场陆续购进国产54型16毫米放映机。电影放映队人员也由一两人增加到四五人。60年代末，随着农场建起俱乐部，电影放映队购置了35毫米放映机。

当年的文艺演出

文艺宣传队送戏到麦场

你知道歌剧《白毛女》的故事吗？

● 知青编排演出的现代芭蕾舞剧《白毛女》

北大荒读本

许多知识青年在国有农场生产劳动和业余创作的实践中，锻炼成长，回城后成为知名人物，如曾在锦河农场从事宣传工作的知识青年梁晓声，中国作家协会会员。曾创作出版过大量有影响的小说、散文、随笔及影视作品。中国现当代以知青文学成名的代表作家之一。

1968年后，大批城市知识青年到农场，使农场职工的业余文艺活动空前活跃。各农场都吸收知识青年中能编、能导、会唱、会跳、会演的文艺骨干组织业余文艺宣传队，当时称"毛泽东思想文艺宣传队"。

知识青年梁晓声

战天斗地，这里永远是战场。建设祖国边疆，北大荒人青春似火热血满腔！如今的北大荒走过了半个多世纪的历程，她犹如一颗耀眼的明珠镶嵌在北疆的沃土上。腾飞中的北大仓，万众瞩目，发展中的北大仓，斗志昂扬。

思考探究：

正是先辈们的艰苦创业、无私奉献，才有了我们今天的幸福生活，那么，我们怎样才能珍惜这来之不易的幸福生活呢？

第三部分

巨变的黑土地

第一单元 锐意改革

第一课 冲破计划经济的藩篱

课前准备：
1. 请搜集有关计划经济变化的相关信息。
2. 请搜集有关知青文化的小说、电影及职工吃企业"大锅饭"的有关内容。
3. 请搜集改革的相关内容。

计划经济

概念：计划经济（Command economy），或计划经济体制，又称指令型经济，是一种经济体系。在这种体系下，国家在生产、资源分配以及产品消费各方面，都是由政府或财团事先进行计划。由于几乎所有计划经济体制都依赖政府的指令性计划，因此计划经济也被称为"指令型经济"。

弊端：随着时代的发展，计划经济的弊端逐步显露出来。它的主要弊端是：政企职责不分；条块分割；国家对企业统得过多过死；权力过于集中；忽视商品生产、价值规律和市场机制的作用；分配中平均主义严重。这就造成了企业缺乏应有的自主权，企业吃国家"大锅饭"、职工吃企业"大锅饭"的局面，严重压抑了企业和广大职工群众的积极性、主动性、创造性，使本来应该生机盎然的社会主义经济在很大程度上失去了活力。

想一想：你知道我们国家的计划经济有哪些表现形式吗？

第三部分 巨变的黑土地

用事实说话

1.2001年1月5日锦河农场小煤矿关井压产全部结束,所有煤炭生产企业全部转入地方经营,结束了几十年煤炭生产的历史。

2.2001年赵光糖厂政策性关闭破产工作结束,将资产、社会管理等全部工作移交给赵光农场。

3.2001年根据农垦总局组建工业龙头企业的战略部署,龙镇、二龙山、引龙河和赵光农场四家乳品厂合计1840万元资产,由农垦总局无偿划转给完达山乳品集团。

查一查:你知道我们北安垦区都有哪些令你值得骄傲的企业吗?

兴办家庭农场

黑龙江垦区位于世界闻名的黑土带上,是目前我国三大垦区之一。经过多年的开发建设,黑龙江垦区目前已建设成为我国最大的国有农场群,成为我国重要商品粮基地、粮食战略后备基地和全国最大的绿色、有机、无公害食品基地,被誉为"中华大粮仓"。

1984年,中共中央《关于1984年农村工作通知》一号文件指出:"国营农场应继续进行改革,实行联产承包责任制,办好家庭农场。机械化水平较高,不便家庭承包的,也可实行机组承包。"农场总局于1月下发了《关于垦区试办职工家庭农场的几点意见》,经过积极引导,1984年黑龙江垦区推行联产承包和兴办家庭农场有了新进展,已办起4907个家庭农场,承包耕地和参加职工在农牧生产队中所占比例都约为5%。从1985年起,垦区开始全面兴办家庭农场,打破了沿袭30多年的高度集中的管理体制,出现了"大农场套小农场"的新型体制。

议一议:请结合北安垦区的实际情况,来说说我们的"中华大粮仓"对农垦的新型体制有什么样的影响?

63

北大荒读本

北大荒"大粮仓"

北大荒是世界闻名的三大黑土带之一,被誉为"中华大粮仓"。这源于黑土地具有巨大的涵养水源、改善气候、净化空气等调节环境的功能。黑土地在世界上仅有三块：一块在美洲——美国的密西西比河流域,是美国玉米最大产地；一块在欧洲——第聂伯河畔的乌克兰,素有"欧洲粮仓"之美称；一块在亚洲——中国的东北角北大荒,被誉为"亚洲之肾"。

黑土都分布在四季分明的寒温带,由于植被茂盛,冬季寒冷,大量的枯枝落叶难以腐化、分解,历经千百年形成了厚厚的腐殖质,也就是肥沃的黑土层。黑土有机物质平均含量在3%~10%,垦殖指数高,耕地比重大,自然肥力高,特别利于种植水稻、小麦、大豆、玉米等作物。

从1968年至1976年,共有54万城市知识青年加入北大荒人的行列。前后十几年时间里,几十万人如潮水般涌来……

北大荒现有耕地2912万亩、林地250万亩、草原616万亩、水面372万亩。以盛产小麦、大豆、玉米、水稻等粮食作物,驰名全国。如今的北大荒,黑土生金、清流千里、绿满青山,俨然一座绿色的宝库！昔日"北大荒",今日"北大仓"！

亚洲第一农民——肖亚农

肖亚农，1966年生。1995年，他创办了北兴农场第一大家庭农场，承担了队里80%土地的代耕业务。2001年获垦区十大杰出青年称号；2002年被评为黑龙江省十大农民科技致富标兵；2003年获全国种粮大户称号及省青年"五四"奖章；2004年获中国杰出青年称号；2005年被评为总局特等劳动模范，被誉为"亚洲第一农民"。

1985年，肖亚农高考落榜，回乡务农。当时正值垦区开始兴办家庭农场，在北大荒土生土长的他，看到了希望，决心创办自己的机械化家庭农场。于是，他和干了大半辈子机务的父亲，东借西凑了1万元，租种土地700亩。父子俩经过5年艰苦奋斗，1990年又购置了两台拖拉机和一台联合收割机，基本实现了种、管、收机械化。租种土地也由原来的700亩扩大到1000亩。

1997年春节前，肖亚农得知有两台意大利产的纽荷兰大马力拖拉机在垦区的一个农场搞试验，他决意把这台世界最先进的机车买回来。经过反复协商，他把价值40万元的纽荷兰180-90菲亚特大马力拖拉机开回了农场。接着他又投资2.5万元买回了大型液压耙。创造了垦区单车作业效率最高的纪录。

活动平台

上网查阅肖亚农的事迹材料，小组交流，完成下列任务：
1. 肖亚农有哪些值得你学习的优秀品质？
2. 在我们身边还有哪些杰出的人物？每名同学写一篇感人的故事。

多种经营形式

多年以来，北安垦区在产业发展、畜牧业发展、私营企业、合资企业、招商引资、对外贸易、旅游管理等方面，都取得了令人瞩目的成绩。

红星、赵光、二龙山、建设四个农场被农业部确定为国家级无公害农产品示范基地。

2006—2009年，建设、红星、尾山、二龙山农场分别通过农业部批准，取得国家级大豆标准化示范农场创建资格。

2004年，红星、赵光、引龙河、尾山四个农场由管理局统一组织向ECOCERT和JONA申请有机食品认证，获得认证面积8.4万亩，主要产品都是大豆、芸豆等初级农产品，这也成为北安垦区第一批获得认可的有机食品生产基地。2009年红星农场被黑龙江省评为有机农业示范场。

2010年，北安管理局建设"百万亩出口食品农产品质量安全标准化示范区"，作为垦区"六区一团"建设的重要内容，并与中粮集团、黑龙江出入境检验检疫局三方签署了合作开发的框架协议，全面开展示范区建设。2010年通过与黑龙江出入境检验检疫局的密切配合，完成了8个农场的GAP认证，完成了示范区管理体系建设。

想一想：作为北大荒的小主人，你打算怎样为家乡做贡献？你知道北大荒精神的内涵吗？

畜牧业蓬勃发展

北安管理局积极引导养殖户转变传统的经营方式，加快畜种改良步伐，推广科学养殖技术，着力发展现代、高效养殖业。重点抓好奶牛牧场标准化管理工作，着重推进5个现代示范奶牛场、5个奶牛规模牧场和牧场化改造后奶牛小区的标准化饲养管理工作。

第三部分　巨变的黑土地

　　截至 2010 年末，北安管理局奶牛存栏 6.3 万头，鲜奶产量 19.6 万吨，羊存栏 29.8 万只，畜牧业增加值 7.1 亿元。到"十一五"末期，全管局各种存栏 10 头以上奶牛规模家庭牧场 1954 个，饲养奶牛 3.6 万头，占存栏总数的 57.33%。肉牛饲养量 30 头以上的家庭牧场 676 个，饲养量达到 3.3 万头，占总饲养量的 23.55%。

旅游业前景广阔

　　北安管理局充分利用独特的地理环境和地缘优势，大力发展旅游业。2004 年，逊克农场职工王兴国，利用境内远古火山爆发的地质遗迹，以及从农场穿流而过的大沾河旅游资源，成立石景山旅游度假有限公司，开发漂流项目，深受周边地区游客的喜爱。2008 年，锦河农场抓住热播电视剧《闯关东》在锦河农场拍摄了部分剧照的机遇，筹资 800 多万元，开发《闯关东》影视文化基地旅游项目。在石金河畔模拟建设"老金沟""朱家大院""黑丫头酒馆"等景点，当年 9 月 16 日正式开始接待游客。2010 年，管局实现旅游收入 4073.37 万元，完成年度目标 135.8%。锦河农场在已建成《闯关东》影视文化基地旅游项目的基础上，又引资建设了《知青》电视剧拍摄基地，并发挥毗邻边陲小城黑河市的地理优势和山水林木等资源优势，委托专业机构规划设计了投资 5 亿元的"大峡谷旅游项目"。

67

北大荒读本

长水河漂流

锦河影视基地

小导游在行动：
1. 逊克、锦河农场是如何利用地质资源进行旅游开发的？
2. 结合本农场的地质情况展开丰富的联想，写一篇关于旅游开发的设想。

北大荒剪纸欣赏

我参与：我校同学为了弘扬军旅文化，举办了北大荒剪纸展，你对北大荒的文化宣传有怎样的设想，请写一写，并与同学们一起交流。

第三部分 巨变的黑土地

第二课 北安农垦机械化

北安垦区概况

北安垦区幅员辽阔，资源丰富，土地总面积 8984.83 平方公里，占全省垦区总面积的 1/5。北大荒位于我国的最北部，地处边塞之地，是冰雪的故乡，属寒温带大陆季风气候，暴虐的西伯利亚寒流在这里盘踞，所以北大荒的冬季漫长、寒冷、干燥，极端最低气温达 -40℃，平均海拔 54 米，万分之一的坡降构成罕见的平坦地势。北大荒是世界三大黑土带之一，土质肥沃，有机质含量平均在 3%~5%，有的地区高达 10% 以上。水利资源丰富，地表江河纵横，地下水量可观，大气降水充盈，极为适宜农业发展。其中耕地 473.9 万亩，林地 195.4 万亩，草原 122.5 万亩，水面 19.5 万亩，总人口 20.3 万。土地集中连片，适于机械化生产。

看一看北安管理局农场分布图吧！

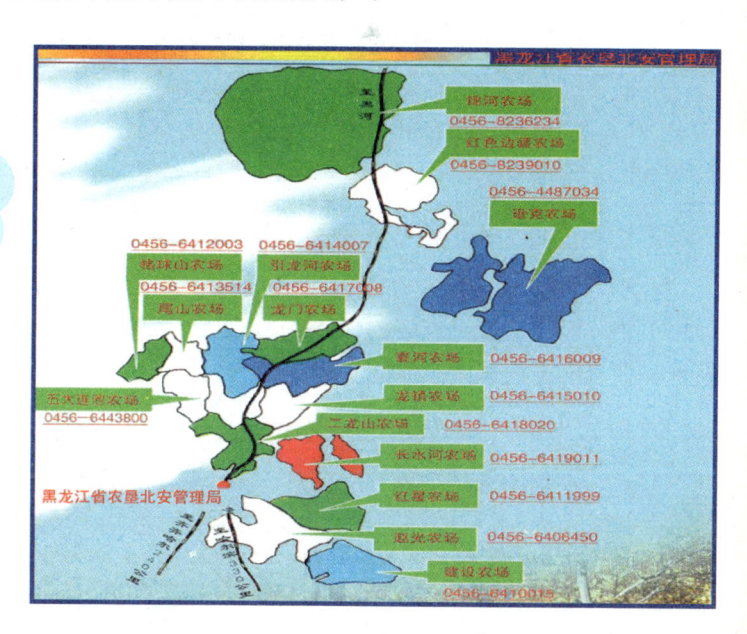

谈一谈：你对北安管理局的将来有怎样的展望，发挥想象谈一谈你的规划。

垦区机械化发展历程

1947年,当解放战争的炮火还在燃烧的时候,为了建立巩固的东北根据地,同时为创办国有农垦企业积累经验,东北行政委员会派周光亚等同志到通北,在日本开拓团旧址的一片废墟上创办了国有通北机械农场。于是,新中国的农业机械化事业从这里兴起。1947年,通北农场刚建立时,只有两台日本开拓团丢下的残破拖拉机。一台是从五福堂(现赵光农场五队)桥下冰里刨来的"万国"拖拉机,另一台是在通北车站(现赵光站)附近找到的"小松"牌拖拉机。1949年,我国从苏联进口的第一台C-6康拜因在农场投入麦收。

北安垦区1975年以前农机装备情况统计表　　单位:(台)

年份	链轨拖拉机	胶轮拖拉机	联合收割机 合计	其中自走	汽车 合计	其中载重	犁	耙	播种机	镇压器
1949	47	18	4		20	20	64	59	32	21
1950	55	20	19	6	30	30	78	75	33	26
1951	57	20	39	11	34	34	97	76	52	36
1952	79	19	68	30	45	45	97	124	72	68
1953	90	18	100	39	53	53	103	120	79	93
1954	93	18	99	39	53	53	118	195	99	142
1955	97	21	103	38	64	64	157	218	117	159
1956	184	35	120	54	70	70	287	369	198	204
1957	221	42	144	63	90	89	347	456	359	258
1958	249	55	150	61	110	110	399	708	426	382
1959	261	80	160	63	110	108	451	585	496	395
1960	275	78	185	61	118	116	444	570	452	365
1961	259	88	179	59	114	111	475	598	478	389
1962	355	67	178	60	115	113	545	750	552	354
1963	423	125	203	43	145	139	532	897	610	473
1964	659	184	250	41	201	183	711	1227	830	672
1965	842	198	479	42	232	212	885	1557	942	791
1966	984	277	579	45	303	277	1011	1800	1167	1006
1967	982	241	490	57	342	307	1022	1790	1037	1063
1968	1003	248	507	49	389	340	993	2072	1158	1079
1969	1071	261	531	59	467	419	1034	2251	1228	1155
1970	1259	360	532	40	508	445	1119	2805	1453	1320
1971	1289	393	585	49	539	455	1163	2712	1506	1273
1972	1417	451	710	75	594	503	1273	3140	1470	1368
1973	1453	443	768	97	667	552	1360	3142	1461	1166
1974	1661	476	940	168	687	568	1527	3401	1559	1279
1975	1505	501	1040	244	744	622	1693	3759	1156	1388

想一想:这些数据说明什么?

第三部分 巨变的黑土地

1960年第一批国产东方红拖拉机开到通北农场

北安垦区现代化生产的实际场景

1976年兵团一师拖拉机装备情况统计

单位	链轨拖拉机	其中 东方红75	其中 东方红54	其他	胶轮拖拉机	其中 铁牛55	其中 尤特45	其中 东方红28	518—65	其他	拖拉机报废再用(台)
合计	739	245	485	9	297	71	37	152	14	23	87
一团(锦河)	114	28	86		41	5	4	31	1		16
二团(红星)	110	22	86	2	43	10	8	18	1	6	3
三团(红色边疆)	117	59	56	2	45	12		27	1	5	8
四团(建设)	93	24	64	5	34	13	6	14		1	
五团(五大连池)	42	8	34		24	5	1	14		4	6
六团(二龙山)	100	42	58		47	14	9	20	2	2	27
七团(赵光)	109	28	81		38	10	9	15	1	3	27
独立一营(红桥)	16	15	1		5			1	4		
独立二营(东山)	29	14	15		12	2		10			
直属	9	5	4		8			2		2	

71

北安垦区 1985 年 14 个农场农机装备情况统计表

型号 农场	履带拖拉机 东方红-54	东方红-75	4450(进口)	小计	轮式拖拉机 铁牛-55	东方红-28	小四轮	其他	小计	收割机 E512	E516	东风-65	东风-90	自走小计	CT-1.9	KT-1.9	牵引小计
合计	834	1092	11	1937	582	313	309	306	1510	516	28	324	128	996	742	61	303
锦河	67	60		127	21	34	33	11	129	26	1	20	10	57	32		32
红色	61	69		130	18	30	3	14	65	32	1	24	2	59	44	23	67
逊克	104	154	8	266	73	27	12	13	125	65	4	31	16	116	69		69
龙门	17	65		82	17	7		31	55	25	1	12		38	26	2	28
襄河	11	68		79	18	9	10	27	64	26	3	17	3	49	34		34
龙镇	69	70		139	36	5	49	42	132	22	1	23	22	68	49	7	56
尾山	17	86		103	9	22	9	62	102	8		17	24	80	34		34
引龙河	40	101		141	49	7	9	29	94	41	1	28	10	80	47	11	58
格球山	38	46		84	3	45	23	8	79	36	1	21	8	66	33		33
二龙山	95	70		165	86	34	29	24	173	36	8	37	14	95	54	18	72
长水河	62	98		160	15		5		20	46	2	30	17	95	60		60
赵光	118	68		186	99	29	93	20	241	53		34		87	105		105
红星	86	72		158	39	26	8	25	98	39	3	15	1	58	89		98
建设	49	65	3	117	99	8	26		133	31	1			48	66		66

　　北安垦区的农业发展取得长足的进步，从建立第一个国有农场到 1985 年，荒凉的北大荒已变成了富饶的北大仓。全垦区拥有各种类型的拖拉机 3321 台，联合收割机 855 台，农用汽车 1189 台，北安垦区共生产粮豆 681.6 万吨，上缴商品粮 339 万吨，平均商品率为 49.7%。

想一想： 在北安垦区的发展历程中有你知道的人和事吗？他们的精神对你有怎样的影响，能写出来和班级的同学分享吗？

北安垦区 1985—2000 年农机装备情况统计表　　单位：(台)

年份	拖拉机合计	其中 履带拖拉机 合计	其中农用	轮式拖拉机 合计	其中农用	手扶和四轮拖拉机	联合收获机 合计	其中 自成	牵引	农具 合计	其中 机引犁	机引耙	播种机
1985	2480	1285	1233	908	828	287	1185	573	612	8772	1119	2624	1398
1986	3777	1948	1904	1345	1204	484	1777	988	789	13558	1735	3772	2221
1987	4147	1907	1863	1364	1303	876	1615	965	650	13792	1758	4042	2144
1988	4710	1867	1794	1368	1183	1475	1395	937	458	13795	1632	3889	2056
1989	3541	1797	1757	1401	1208	343	1272	918	354	13065	1599	1027	1830
1990	4752	1804	1761	1387	1266	1561	1207	949	258	10920	1574	3823	1807
1991	4638	1744	1679	1311	1222	1583	1057	931	126	10888	1483	3703	1832
1992	6126	1810	1624	2455	1145	1861	1020	962	58	12792	1450	3665	2391
1993	4458	1708	1511	1428	1072	1322	936	936	0	12420	1300	3614	2390
1994	4296	1592	1327	1331	990	1373	962	962	0	12340	1096	3585	2225
1995	5164	1604	1381	1335	1062	1225	932	932	0	12376	936	3520	2270
1996	4267	1680	1372	1320	1011	1267	925	925	0	11842	723	3500	2307
1997	4672	1727	1361	1233	863	1712	925	925	0	11751	629	3453	2208
1998	5602	1861	1331	1214	923	2527	929	929	0	12162	568	3252	2110
1999	4913	1737	1290	1200	902	1976	922	922	0	11939	554	3292	2136
2000	5518	1662	1215	1143	971	2713	905	905	0	11178	497	3093	2148

"十一五"期末，北安垦区拥有 100 马力以上拖拉机 786 台，大型自走收获机 845 台（进口收获机 50 台），进口割晒机 55 台，农机具保有量 9406 台套。农机总动力已由"十五"末的 26.02 万千瓦提高到 33.83 万千瓦，动力耕地比达到 15 亩/千瓦。农机技术状态完好率达到 98%，农业田间综合机械化率达到 97.8%，大田作物 85% 实现气力式播种，航化作业面积达 150 万亩，秸秆还田面积达 100%。

2003 年，在资金严重紧张的情况下，各农场采用多层次、多渠道、多元化筹集资金 3500 万元，更新东方红 1002 履带拖拉机 7 台、纽荷兰 23 台、3518CTS 1 台、JD1075 25 台、气吸式播种机 127 台、青贮机 34 台、大豆覆膜机 65 台、拔麻机 13 台、农具 539 台（件）。

2001-2010年北安垦区农机更新情况统计表

单位:万元、台套

年份	投资合计	其中:农机补贴	拖拉机	收获机	农具	累计	其中当年新建
		更新投资		购置台数		农机装备区	
2001	2682.92		53	27	670		
2002	3124.7		36	37	746		
2003	3057		44	45	506		
2004	9 007.81	100	49	88	545	8	8
2005	7 895.5	270	127	34	326	19	11
2006	8 890	1972	241	27	450	37	18
2007	12 200	1766	177	47	327	57	20
2008	13 900	2421	206	68	554	65	8
2009	12 000	3100.35	209	48	529	69	4
2010	21 000	3799.4	167	156	666	72	3
合计	93 757.9	13428.8	1309	577	5319		72

从上表中可以看出:用凯斯2388直收玉米脱粒比用4YZ-4型玉米收获机掰棒后再脱粒每公顷节省作业费307.5元,作业效率(4YZ-4型玉米收获机是每小时7.5亩,凯斯2388收获机是每小时20亩)是4YZ-4型玉米收获机的2.67倍(割台宽度是4YZ-4型玉米收获机的2倍)。仅2010年在配套农机具改装上,全垦区共改装机具613台件,其中改装小麦播种机65台、卡播播种机46台、大垄高台播种机39台、玉米播种机73台及其他改装390台件。农机新技术推广面积254万亩,节本增效3950万元。

附表　2001-2010年北安垦区农机新技术应用情况表

单位：万标准亩、万元

年份	数量	改装台数	应用面积	节本增效
2001				
2002	14			
2003	14	558	149	1190
2004	15	1230	824	700
2005	14	836	130	905
2006	14	1185	163	1054
2007	14	1019	280.2	3202.9
2008	7	817	270	2300
2009	10	726	221.7	4118.4
2010	7	613	254	3950
合计	109	6984	2291.9	17420

从上表可以看出，各种高性能农机具的大幅度引进，使农机装备水平迅速提高，装备结构更加合理，播种达到精量化、机车实现智能化、操纵电液化，进而实现了"六个转变"，即：动力机械马力由小马力向大马力转变；机械结构由履带拖拉机向轮式拖拉机转变；收获机械由国产小马力向进口功能齐全转变；机械作业由单项作业向复式作业转变；播种机械由传统向精量电子监控转变；耕种方式由常规耕种向免耕卡播转变。

找一找：北安垦区国有农场的创建，对北方的农村，有什么样的影响？

说一说：垦区机械的更新和新技术的运用，对国有农场的技术革新有怎样的影响？

谈一谈：请结合北大荒精神，谈一谈你对垦区改革所留下的精神财富有怎样的体会？

第二单元　工业立局

第一课　从赵光农场走出去的飞鹤乳业

课前准备：
1. 请搜集飞鹤乳业集团组建初期的基本情况。
2. 了解飞鹤乳业的相关产品情况。

飞鹤乳业的建立

飞鹤乳业是中国乳品企业唯一一家在美国上市的企业，其前身是赵光乳品厂，隶属黑龙江农垦总局。1984年在国家工商局商标局注册"飞鹤"商标，在赵光农场兴建了日处理鲜奶70吨的奶粉生产线一条。1991年赵光农场乳品厂生产的"飞鹤牌"全脂奶粉被评为省优质产品。

1997年4月10日以赵光农场乳品厂为龙头的黑龙江飞鹤乳品集团宣告成立。季世春任公司董事长，冷友斌任总经理。2001年5月黑龙江农垦总局对旗下乳制品企业进行整合，飞鹤乳业的资产被划归农垦总局。为了保住"飞鹤"品牌，总经理冷友斌带领一班人马，到克东另谋发展，收购了克东县工牧乳品厂，成立黑龙江飞鹤乳业有限公司。经过近三个月的改造，原本破烂不堪、濒临倒闭的工厂，变成了一个花园式现代化企业，车间机械设备改造全部完毕，使加工能力从改造前的日处理鲜奶40吨，提高到改造后的日处理鲜奶100吨。

2001年12月，飞鹤开始运作国外上市，2002年3月，飞鹤乳业公司正式加盟（ADY）美国乳业有限公司，成为其在中国的第一家独资企业。

乳品厂的发展壮大

2002年起仅仅四年时间,飞鹤乳业就跻身于全行业乳粉企业前10名,荣获国家质量监督检验检疫总局颁发的"婴幼儿配方奶粉质量免检"证书;黑龙江省质量管理先进企业;中国保护消费者基金会颁发的"诚信经营单位"等30多项殊荣。2008年10月,飞鹤产品全国各地销售市场供不应求,最高销量与去年同期相比提升600%,飞鹤,再次用非凡的实力取得了更快的发展。2013年9月,有着50余年安全品质的飞鹤乳业,凭借全产业链的雄厚实力及良好的口碑,荣誉入选国产重点发展奶粉品牌,将承担起振兴民族乳业发展的重任,打造中国人自己的好奶粉。

飞鹤专注于婴幼儿奶粉的研发和生产制造,目前,旗下已拥有星飞帆、超级飞帆、飞帆等系列产品,被誉为最安全的婴幼儿奶粉品牌,也是唯一拥有全产业链的婴幼儿奶粉企业。乳品加工的"飞鹤"系列产品畅销大江南北、东海之滨。

目前,飞鹤乳业拥有职工3万人,4家现代化核心工厂,8个紧密合作专属牧场,1个观光牧场,1家紧密合作专属农业公司及9家配套企业,年总加工能力20万吨。在全国32个省、市、自治区拥有近十万家零售网点,是国家级农业产业化龙头企业。

2003年5月6日飞鹤在美国OTCBB市场挂牌上市

2011年,飞鹤乳业与安盛农业公司合作

2012年3月飞鹤全产业链产品可追溯系统正式运行

2015年,公司推出"双屏互动可视化全产业链"

2016年,通过欧盟食品安全全球标准和国际食品标准双重认证

77

飞鹤展翅高飞——冲向全国和世界

2005年4月,飞鹤乳业成功登陆美国纽约证券交易所。2007年底,飞鹤仅原料粉销售收入就突破3亿元大关,并远销亚非、中东、欧洲等几十个国家和地区。2014年11月,飞鹤乳业联手哈佛大学医学院BIDMC医学中心在美国波士顿成立飞鹤—哈佛医学院BIDMC营养实验室,在这个平台上承载的不仅是婴幼儿领域的研究,更是对人类未来的营养健康领域的研究。2015年6月1日,飞鹤乳业"星飞帆1-3段婴幼儿配方奶粉"摘取素有食品界"诺贝尔奖"之称的世界食品品质评鉴大会食品类金奖,意味着国产奶粉质量达到甚至超过欧盟标准,具备更强有力的国际竞争力。2017年5月29日,在马耳他首都瓦莱塔举行的"世界食品品质评鉴大会",飞鹤乳业旗下高端婴幼儿奶粉"星飞帆"第三次荣获大会金奖。

在飞鹤乳业流行这样一句话"唯一持久的竞争力,就是有能力比对手学习得更快更好"。公司始终奉行"诚信求实、致力服务、唯求满意"的企业宗旨,全力跟随客户需求,不断进行产品创新,持续提高服务质量。

贝贝看了飞鹤乳业的发展历程,深感成功来之不易。在通往成功的道路上,我们要努力拼搏、脚踏实地、锐意创新、再创辉煌!

考考你:
通过今天的学习,你学到了哪些知识?有什么感受?

第三部分　巨变的黑土地

第二课　蓬勃发展的绿色产业

随着绿色有机食品基地建设的不断发展，北安管局绿色有机食品的产业链不断延伸。在绿色食品产业发展方面，通过农场的主导及招商引资，如今在北安垦区已形成一批有品牌特色的龙头企业。

北大荒亲民有机食品

红星农场于 2007 年 10 月成立了北大荒亲民有机食品有限公司。注册资本 5000 万元，设计生产能力为年产有机酸菜 5000 吨（腌制能力 3000 吨），热干菜 200 吨。这是国内首家采用不锈钢罐腌渍、乳酸菌发酵，生产过程自动控制，将传统工艺工厂化生产有机酸菜的企业。

同学们，你知道这么好吃的酸菜是哪里生产的吗？

2010 年，红星农场承担农业部农产品质量追溯系统建设工作，追溯产品为有机酸菜，于当年通过项目验收，验收评审综合得分 99 分，列全国第一名。"亲民食品"牌有机酸菜是全国唯一一家通过有机认证的腌渍类产品，并且实现了产品质量全程可追溯。公司通过了 ISO9001 质量管理体系认证和 ISO22000 食品安全管理体系认证。

什么叫有机食品？
　　有机食品是指来源于有机农业生产体系，根据国际有机农业生产要求和相应的标准生产加工的，并通过独立的有机食品认证机构认证的一切农副产品。

活动平台：

查找有关资料，了解什么是绿色食品，什么是无公害食品，什么是普通食品？

北大荒亲民有机食品有限公司，拥有10万亩有机产品原料生产基地，这里具有良好的自然环境，独特的地理位置和气候条件，非常适合农作物生长。全部通过欧盟、美国以及国内认证机构认证。产品生产严格遵循有机生产操作规程，并采用乳酸菌传统厌氧发酵技术和现代化生产加工工艺。

第三部分 巨变的黑土地

建立了农产品质量可追溯系统，从而实现了从土地到餐桌的全程追溯，是安全、健康的有机食品。

每包酸菜备有身份码和有机验证码　　本品可提供追溯查询安全放心

通过几年的发展，有机生产面积不断扩大，产品种类不断增加。6.8万亩的有机产品生产基地盛产有机大豆、有机小麦、有机大麦、有机玉米、有机芸豆以及西兰花、马铃薯、红荠菜等二十多种有机蔬菜。

我分享

请你把你了解的有关有机食品的知识和大家一起分享吧！

北大荒北绿食品有限公司

　　北大荒北绿食品有限公司于2006年1月成立，公司坐落在世界地质公园五大连池风景区境内的黑龙江省格球山农场。由农场与台湾商合兴业有限公司共同出资5 000万元组建了北大荒北绿食品有限公司。格球山农场股份占62%，台商股份占38%。该公司是以专业加工有机绿色蔬菜为主的集生产、加工、科研、种植、国内销售、对外贸易于一体的大型现代化综合加工企业。

公司在生产加工出口冻鲜蔬菜

　　目前，公司产品已形成三大系列25个品种，主要有速冻西兰花、油豆角、马铃薯、南瓜、蕨菜、青刀豆、荷兰豆、草莓、香葱、甜椒、胡萝卜、白花菜、粘玉米、鸡腿菇等速冻食品。2007年公司通过了ISO9001:2000质量管理体系认证和HACCP食品安全管理体系认证。2009年通过了中国CCIC有机认证和欧盟CERES有机认证。

　　在质量管理上，公司严格执行ISO9001:2000质量管理体系标准，按HACCP危害性分析和关键点控制的要求，实行"计划、实施、检查处置、评审"的循环生产模式。

速冻食品加工

第三部分　巨变的黑土地

　　公司全体员工以北大荒人的高度责任感和使命感为社会打造品牌产业，倾情奉献健康食品，北绿食品有限公司必将成为优秀的绿色蔬菜加工企业。

> **有机食品主要国内外颁证机构**
>
> 　　中国的 OFDC，美国的 OCIA（全称"国际有机作物改良协会"），德国的 ECOCERT、BCS 和 GFRS，荷兰的 SKAL，瑞士的 IMO，法国的 IFOAM，日本的 JONA 等。

| 中国有机产品认证 | 中国有机转换产品认证 | 德国有机认证 | 欧盟有机认证 |

> **活动平台：**
> 　　查找有关资料，了解我国"中国有机产品标志""中国有机转换产品标志"图案的象征意义。

油脂类及糖
每天不超过 25 克

奶类及豆类
奶制品每天 100 克
豆制品每天 50 克

鱼、禽、肉、蛋
每天 125~200 克

蔬菜类
每天 400~500 克

水果类
每天 400~500 克

五谷类
大米、面包、谷类及粉面类食物
每天 300~500 克

83

招商引资发展绿色产业

随着国有资本的退出，民营资本进入了管局工业的主战场。经过几年的拼搏与努力，加之农场的支持，一批头脑活、观念新、懂经营、善管理的优秀经营者脱颖而出，形成了一批体制新、机制活，具有一定发展潜力的小龙头企业，如兴安岭乳业、格球山乳业、永兴亚麻、天丰亚麻、富雪粮油、天运山产品公司、红发展食品有限公司、茏益牧业等。2006年，长水河粮油加工有限公司取得了绿色食品面粉、挂面等七个产品的绿标使用资格，年生产绿色食品2400吨以上，总产值500万元。

二龙山农场引进上海都市农商社股份有限公司、高榕食品有限公司，三家共同投资合作，注册成立了"黑龙江星辉农业发展有限公司"。二龙山农场负责蔬菜种植，上海方面负责鲜菜收购加工和产品出口销售，主销日本、新、马、泰地区和韩国。

什么是"三资企业"？

在中国境内设立的中外合资经营企业、中外合作经营企业、外商独资经营企业三类外商投资企业，称为三资企业。

都倍加亚麻育种有限公司参加亚麻区生试会议

尾山农场利用管局组织到欧洲考察亚麻产业机会，与外商交朋友，向外商介绍农场和北安垦区亚麻发展现状与规划，成功地吸引荷兰客商来农场共同投资75万美元开发建设亚麻育种项目。双方投资注册的黑龙江都倍加亚麻育种有限公司获得国家"三资企业"批准证书。

第三部分 巨变的黑土地

对外贸易让产业再升级

随着经济的发展，北安垦区出口产品由以大豆为主的单一农产品，向大豆、芸豆、山产品（蕨菜、中草药）、蔬菜（含速冻蔬菜系列）、马铃薯精制淀粉、有机产品（大豆、面粉、酸菜等）、柳编工艺品等多品种发展。出口额度由开始的数百万美元发展到数千万美元。外贸企业也从无到有，自营出口业务稳步增加。其中：自营出口业务完成比较好的企业有锦河农场天运山产品有限公司的蕨菜，中草药出口韩国、日本，以及长水河农场的北大荒临沭柳编工艺品有限公司的柳编工艺品、北大荒仙骊菜业集团的有机农产品等。

> 山东省临沭县是我国柳文化的发祥地，栽植柳条始于隋朝末年。

2017年北安管理局投资3000万元改进和完善了北大荒仙骊菜业集团所属的亲民、北绿、龙绿公司的生产和仓储设施，建立起绿色有机蔬菜加工、山产品加工基地。管理局以仙骊菜业为龙头，以百万亩出口食品农产品基地为基础，全力推动绿色有机产业集群建设。

在这片广袤而肥沃的大地上，绿色产业已成为新坐标，织"绿"为锦，建设了国家级百万亩出口食品（农产品）质量安全标准化示范区，打造了以北大荒仙骊集团为代表的产业龙头。现在，管理局的绿色有机食品已进京入沪，摆上了北京华联等大超市的货架。一些产品还"跃"出国门，被端上了外国人的餐桌，让老外品味到来自中国北方的绿色神韵。

调查了解：

同学们，了解一下我们身边有哪些"明星企业"？了解企业的发展历程和对管局经济发展做出的贡献。

第三单元　北安垦区的新姿

第一课　从居民点到小城镇

有同学收集了北安农垦小城镇建设发展变化的资料，我们一起来了解一下吧!

北安垦区初期的生产点

北安垦区是在荒无人烟的边疆地区建设起来的。当年，为了完成屯垦戍边任务，北大荒的拓荒者边生产、边生活，自力更生兴建居民点。

小城镇的崛起

为了不断适应生产发展和生活的需要，这里先后建起了学校、医院等，让职工的子女学有所教，患病职工病有所医。随着社会经济的不断发展，邮局、银行、书店、影院等应运而生，米面加工厂、榨油厂、木材加工厂、砖瓦厂、机械修配厂等生产企业相继问世。几十年过去了，北安垦区的土地上崛起一座座小城镇。

格球山农场生态小城镇

逊克农场文化广场　　引龙河农场宽敞的街道　　龙门农场森林公园美景

说一说：你知道哪些有关北安垦区小城镇建设的资料，与大家一起分享，并谈谈你的感想。

请同学们阅读下面的一篇报道，你能想象到北安垦区的拓荒者创业的艰辛吗？你还知道哪些关于北安垦区的创业故事，请讲给大家吧。

难忘的年代
——回忆格球山劳改农场的建立

王学曾

1955年春，因关内几个大城市和东南沿海等地犯人增加，国家公安部和黑龙江省公安厅决定在黑龙江省北安、嫩江一带建立劳改农场群。当年8月，我在哈尔滨接受任务，被任命为格球山劳改农场场长。当时上级给我们拨3万元人民币，4顶帐篷，分配来9名干部，1个武装排。我们在哈尔滨买了炊具等，就到嫩江进行探场准备工作。10月12日，我们雇了1辆两匹马的草上飞木轮大车、1个车老板、1个打井工人、2个测量员，从嫩江向格球山方向出发。

当时的格球山一带是一望无际的大荒原，探场时是阴雨连绵的秋季，道很难走，我们只好时进时退。马拉着车，因为路不好走，有时还得人拉马。马车在前边轧出辙印，就算是道路。9月15日，我们终于到达现格球山农场场部这个地方。返回嫩江时，我们迷失了方向，人没有吃的，马没有喂的，马车也扔了，人牵着马走。一块喂马的豆饼，人和马啃了一天多。后来找到老乡屯，才弄点吃的又往前赶路。

9月中下旬，一部分干部和武装排，押着部分犯人向格球山出发，20多天的时间，才全部到达格球山。在荒原上架起了帐篷，人、马都用大泡子里的水。东北沦陷时，抗联部队曾在这里打击日寇。我们在林子里发现一部电台，犯人劳动时在石砾子里发现不少枪支，有长枪、短枪、钢盔、马镫等。据抗联王军同志讲，这些枪是抗联在一次战斗撤退时埋的。

刚建场时，干部来自四面八方，人员比较精干，大家都想着党和人民的事业，不计较个人得失，都肯吃苦。当时没有公路，生产、生活物资都靠人背肩扛往场里运。吃的是高粱米、苞米碴子，菜是冻倭瓜、冻萝卜。开荒时，四五十人拉一张犁，干部和犯人都拉犁。送粮时，马车昼夜不停地送，干部亲自押车送粮。许多同志身体不好，也跟着送粮。1955年格球山农场的小队长陈官，一次外出从嫩江回来，在中转站没坐上车，就步行往场部走。那天是个风雪天，他走到南林子就冻得不能动了。场里知道后，立即派人派车把他拉回来，可是已经晚了，陈官同志为劳改事业的创建献出了生命。

劳改农场既要改造犯人，又要进行农业生产，任务是繁重的，干部是很辛苦的。看到现在农场发展起来了，老一代拓荒战士和劳改工作者感到非常欣慰，年轻的同志也应该记住创业的艰难。

打造生态宜居的小城镇

你知道北安垦区城镇化指的是什么吗？

从1990年以后，农垦小城镇建设成为北安垦区建筑行业的主题。

自1997年起，北安垦区对小城镇建设加大了管理力度，下发了《北安垦区小城镇带动战略实施方案》（北垦局发〔1997〕2号）。小城镇建设自1997年起步入了快车道。

2007年，北安垦区下发了《加快推进分局生态垦区建设工作方案》（北垦局办发〔2007〕21号）。

2008年北安垦区开始撤队并点工作。2009—2010年，整体搬迁居民点工作有了突飞猛进的发展，整体搬迁居民点140个，搬迁居民23148户，拆迁房屋面积106.94万平方米，向农场场部转移人口近7万人，使全局的城镇化率由2001年的40%猛增到71.35%。由于撤队并点，人口大量向场部地区转移，为小城镇大发展创造了条件。

北安垦区强力推进城镇化建设进程，改善人居环境。2007—2010年，共建设住宅213万平方米。到2010年，北安农垦城镇住宅总面积332.15万平方米，比2001年的100.15万平方米增加232万平方米。在场部人口增加近7万的情况下，人均住宅面积24.07平方米，比2001年的14.43平方米增加9.64平方米；住宅楼面积36.29万平方米，比2001年的14.5万平方米增加21.79万平方米。北安农垦在"十五""十一五"期间，新建休闲广场和公园及文体中心21个，新增绿化覆盖面积345公顷，到2010年全管局累计已建公园广场16个。

北安农垦2010年与2001年城镇化情况比较

指　标	2001年	2010年	提高百分点
住宅楼房化率	14.52%	71.14%	56.62
城镇化率	36.66%	71.35%	35
道路硬化率	2.42%	51.93%	49.5
集中供热普及率	44.72%	62.81%	40.42
绿化覆盖率	23.20%	36.06%	11.8

请你将收集城镇建设方面的图片、资料制作成手抄报或其他绘画作品来展示农场城镇建设的新变化。

第二课　小城镇的辐射带动作用

说一说：请你结合农场实际说一说城镇建设的作用？

北安垦区农场与地方交叉分布，形成了"你中有我、我中有你"的格局。正如贾庆林同志指出的"我看垦区有那么多小城镇分布在全省各地，省委省政府要研究好如何以农垦城镇带动周边农村发展的问题"。

小城镇的辐射作用

北安垦区示范和引导乡镇科学规划，提高农村小城镇建设水平。推广农场标准化住宅建设经验，引导和带动农村住宅建设提档升级。农场与地方毗邻或交叉的小城镇，按照统一规划、分区建设、共同管理的原则，联合进行小城镇道路、给排水、供热和供气等基础设施建设，推进资源共享，避免重复建设。增

赵光农场水上公园

强垦区小城镇载体功能，吸纳农村劳动力到垦区小城镇就业，加速人口和产业聚集，推动城镇化进程，按照"资源共享、优势互补、互惠互利、共同发展"的原则，2007年，投资 220 万元，重新修建了北安市八道街（北垦路）。2010 年赵光农场与赵光镇，龙镇农场与龙镇共同完成了 5 万人小城镇的规划，并将赵光、龙镇污水处理厂和垃圾处理场项目列入省级项目库。

小资料：

2010 年龙镇农场计划建筑商服和住宅楼面积 15 万平方米，是农场前 15 年建筑面积的总和。整体搬迁居民组 7 个，搬迁 874 户 3012 人，拆迁面积 35444 平方米，使农场城镇化率达到 70%，楼房化率达到 80% 以上。据农场相关部门统计，龙镇农场 2009 年以来，流动人口增幅 30% 以上，在场部地区居住、经商、就业的周边地区村民已经有 4000 人以上。

你知道哪些农场与周边乡镇的合作项目？

北大荒读本

● 垦地社会事业资源实现共享

2006—2010年，接纳地方学生就近入学累计13431人次。设医保定点医院8个，接纳地方人员到垦区就医累计6.27万人次。管局与北安市电视新闻实现对等落地。二龙山农场、锦河农场与地方开展了旅游合作共建。

二龙山农场夏日龙湖 　　　　锦河农场石金沟漂流

小资料

投资6000多万元建成的北大荒五大连池仙骊庄园，地处世界地质公园核心带的五大连池原种场场部，坐落在美丽的五大连池湖畔。庄园主体建筑古朴典雅，园区占地面积86万平方米，建筑面积3.48万平方米。主要包括两大区域，一是现代农业观光采摘区。主要包括3100多平方米的智能温室1个、15栋暖棚、20栋阳光大棚、8个果园区。二是休闲娱乐园。主要包括旅游接待中心、高级别墅、普通别墅和生态餐厅。园区具有现代高科技农业展示、生态观光、现场采摘、休闲娱乐、疗养度假、会议接待等功能。

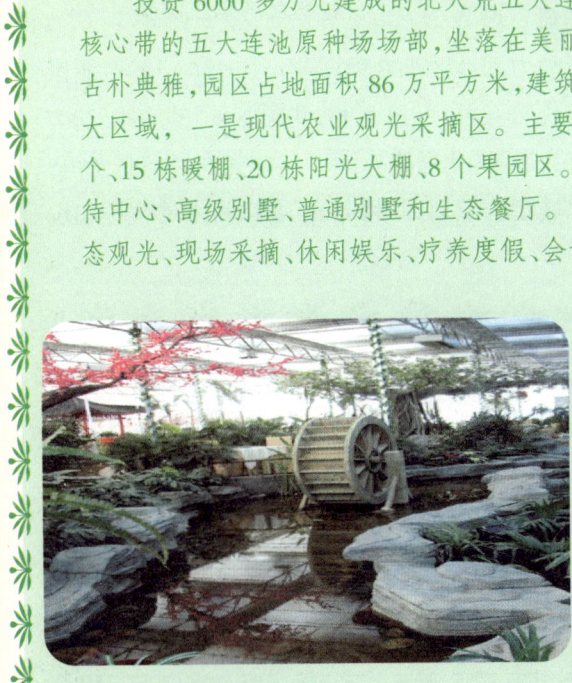

第三部分　巨变的黑土地

请你说一说北安垦区小城镇的变化吧？

北安垦区小城镇的崛起,有力地促进了垦区的商贸活动,推动了农垦职工思想观念发生了根本转变,市场经济意识大大增强。小城镇建设拉动了垦区农副产品加工业、建材业、运输业、各种服务行业的发展,年创社会产值达20亿元。昔日单纯的商品粮基地,如今已经成为百业兴旺的新型垦区。

二龙山农场国家级现代农业示范区

小城镇带动作用成效显著

2010年北安垦区新增城镇住房115万平方米,住宅面积已达377万平方米。人均住宅面积26平方米,集中供热面积283.7万平方米。2010年年末,全垦区小城镇人口为14.4万人,占总人口的71.2%,比2000年提高了50个百分点。五大连池农场抓住风景区申报世界自然遗产的契机,参与建设五大连池风景区,投资约14亿元建设现代化的农垦新城。

写一写:请你查阅相关资料,写一篇小论文为农场城镇建设献计献策吧。

91

北大荒读本

第四单元　我爱我的家乡——北大荒

第一课　壮美的北大荒文化

课前准备：

1. 请搜集有关军旅文化的小说、电影作品，如小说《雁飞塞北》《江畔朝阳》；电影《北大荒人》《老兵新传》等。
2. 请搜集有关知青文化的小说、电影及知青的先进人物事迹。
3. 请搜集移民文化的相关资料。

贝贝今天听了《北大荒人的歌》，于是对北大荒壮美的文化产生了兴趣，接下来我们就一起走进北大荒去了解它独特的文化吧！

第三部分　巨变的黑土地

北大荒文化的基本构成,目前比较一致的意见认为是由军旅文化、垦荒文化、知青文化、移民文化等文化组成。军旅文化与知青文化属当代文化,但也受到历史文化的影响。

十万转业官兵开发北大荒

第一站:军旅文化

随着北大荒的不断开发,部队转业官兵大批移民北大荒,带来了北大荒军旅文化的繁荣发展。这一时期军垦特色更为明显。其中涌现出杰出的代表人物,如林予、郑加真、丁继松等;涌现出优秀的作品,如电影《北大荒人》《老兵新传》;小说《雁飞塞北》《江畔朝阳》;散文《漫游乌苏里江》《完达山中》和《在北大荒旅行》等。从各军兵种转业来的大批文艺骨干带来了军队重视文艺工作的优良传统,东胡、涉貊(huì mò)、肃慎华夏先民在

风靡全国的《北大荒人》

北大荒这一地理实体已存在了几万年,清入主中原后将北大荒二百多万人口移入关内,为确保"龙兴之地",北大荒因此被"封禁"二百多年,繁荣富饶的北大荒成了"亘古荒原"。今天所说的北大荒已不是《山海经》里的概念含义,而是定格为世界三大黑土带之一,总面积5.76万平方公里,耕地总面积3 600多万亩的黑龙江垦区。

93

北大荒读本

　　1959年初，牡丹江农垦局举办首届职工业余文艺会演。农垦部宣传处的领导看了独幕话剧《愿望》的演出后，非常高兴地向该剧组的全体人员说，十万转业官兵挺进北大荒，在古今中外都算是个壮举，要求话剧队用一出戏在舞台上向全国人民汇报。于是，话剧队的全体队员开始了《雁窝岛》的创作编排。他们来到雁窝岛，一边体验生活，一边集体创作。

　　1960年初，铁道兵农垦局文工团奉命到广东湛江为全国农垦会议演出，在演出前预演了《雁窝岛》。4月23日，在首都全国政协礼堂汇报演出。5月25日，《雁窝岛》改名为《北大荒人》，在首都青年艺术剧场正式公演，引起了社会各界的强烈反响。

　　话剧《北大荒人》的剧作者是范国栋。1951年，范国栋加入了中国人民解放军，1958年春天，范国栋随着十万转业官兵来到北大荒。转业官兵艰苦奋斗的气魄、火热的生活使范国栋激动不已，他决心把十万转业官兵创业的历程、当年老铁道兵开发雁窝岛的感人事迹和听到的有趣故事写出来。

　　五幕话剧《北大荒人》取材于转业官兵开发雁窝岛的感人事迹。该剧通过对某农场党委书记兼场长的高建民率领广大专业军人进军雁窝岛，开荒种地，克服了在低湿地不能进行季节机械化作业的重大障碍等情节的描述，反映了北大荒人艰苦奋斗、顽强拼搏的精神。在开发雁窝岛的过程中，他们一方面克服以副场长纪庆山为代表的保守退却思想的干扰，另一方面对机车作业进行试验，虽几经失败，但毫不气馁，终于开辟出了一条在低湿地进行机械化作业的新路。雁窝岛被北大荒人的顽强精神所征服，一幅亮丽的时代画卷展现在世人面前。

　　随后，北京电影制片厂把《北大荒人》列入拍摄计划。1963年春节，影片《北大荒人》在京举行首映式。同时，远在千里之外的北大荒人怀着激动的心情，坐在剧院里观看这部电影。从此，黑土地的人们有了一个风靡全国的称号"北大荒人"，这个称号一直延续至今。

第三部分　巨变的黑土地

考考你：
请大家把北大荒杰出的人物和作品正确地连起来吧!

晁楣：著名版画家。北大荒版画开创者、组织者、代表人物。作品《松谷》《春醒》等先后获全国美展和版画展的金奖、银奖及优秀创作奖。

电影《北大荒人》，讲述转业军人高建民奉命率领一批复员军人在北大荒雁窝岛建立农场的故事。

电影《老兵新传》主要剧情为：1948年老战士转业，要求到北大荒去开荒并率领大家赶走了土匪的故事。

小说《雁飞塞北》作者林予，取材于1956年铁道兵和1958年十万转业官兵开发荒原雁窝岛，建设农场的生活原型。

95

我参与：为了弘扬军旅文化,让我们举办北大荒板报展吧!

活动平台：

　　请你也积极行动参与其中吧!找找有关军旅文化的作品(散文、诗歌、电影等)与大家一起分享,并谈谈你的感想。

第二站:知青文化

如果说,四五十年代大批军队转业官兵开发北大荒,形成了北大荒文化繁荣发展的第一次高峰的话,那么六七十年代四五十万城市知青移民北大荒,无疑使北大荒文化的繁荣发展更提升到一个新的阶段。大批知青移民北大荒,客观上给北大荒注入了生命的活力,激活和提升了北大荒文化的又一轮新的发展。北大荒因知青而注入了城市的文明元素,增强了北大荒文化的生命力,提高了垦区的人口素质,改善或改变了北大荒的生存状况和质量。与之相辅相成的是,知青把北大荒的黑土文化带到了城市,增添了城市文明的内涵和素养。这种南北文化的交流,城市文明与边疆文化的融合,无疑是广大知青南北对流的结果。2008年6月18日,来自全国各地近两千名北大荒知青欢聚哈尔滨,举办了首届北大荒知青旅游文化节,推动了知青文化的开展。2009年7月,在黑河市瑷珲镇落成的占地总面积9万平方米的知青博物馆是知青文化的重要载体,形象生动地展示了北大荒的知青文化。

从黑土地走出的一批知青作家、画家、企业家、学者、科学家,他们为北大荒,为中华民族创造了相应的灿烂文化。其中的佼佼者,如梁晓声、张抗抗、濮(pú)存昕、敬一丹、姜昆、师胜杰等的作品产生了很强的文化影响力,他们对丰富、提升北大荒文化的亲和力、吸引力、影响力和凝聚力产生了积极的作用。

知青小说与北大荒文化

"知青文学"是知青写知青生活的作品,是表现知青文化最直接的方式。一批出身知青的作家以写知青生活步入文坛,他们的作品如《年轮》《今夜有暴风雪》《这是一片神奇的土地》《远离太阳的地方》《燃烧》等,都曾在中国文艺界产生了很大的影响,也使北大荒文化具有时代感和地域特色。

梁晓声的短篇小说《这是一片神奇的土地》是北大荒知青小说的代表,这篇小说描写的是在那不堪回首的岁月,一批上山下乡知识青年为开发"满盖荒原",最后献出了年轻的生命。小说热情讴歌了一代知识青年的那种为了实现崇高理想和美好愿望而英勇牺牲的奉献精神。这种场面,这种情景是北大荒所独有的。

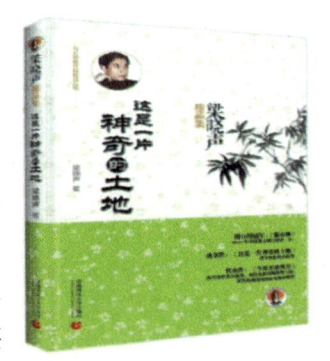

北大荒读本

　　1957年，张抗抗发表了反映黑龙江农场知识青年生活的长篇小说《分界线》。《啊，老三届》的作者肖复兴，时隔22年后重返北大荒，面对依然生活在那里的老知青，创作了《黑白记忆——我的青春回忆录》。贾宏图从1968年开始发表反映知青生活的作品，著有《她在丛中笑》等作品，新作有《我们的故乡》等。

我参与： 有的同学去过瑷珲知青博物馆，下面是他展示给我们的图片。

开荒耕地雕塑

知青战天斗地雕塑

知青食堂体验区

知青食堂体验区

第三部分　巨变的黑土地

我分享

　　下面是一首描写知青生活的歌曲。请把你知道的有关知青的故事，或者看过的电影、小说和大家一起分享吧！

曾　经
（电视剧《知青》主题曲）

作词：王　敏
作曲：栾　凯

1=D 6/8

(3 i·176 7·3 5 6·654 5 i 3 4·432 3 6 176 7 6 567 6· 6·)

感怀地

333 212 3·3 3 i· 765 656 3· 222 1 2 2· 212 332 112
绚丽的青春之桨，划出人生的层叠波澜，一代人的追忆，荡涤难以平静的心
梦里的晶莹泪光，闪耀你我曾经的容颜，风雨中的思念，一路相伴着过往流

7·7· 333 212 3· 3 3 i 765 656 3· 223 432 3 6 176
田，难忘苍茫的岁月，呐喊着温暖的春天，磨练伴随着无怨无悔
连，那里有雪夜大地，那里有战友的生死相牵，那里有山村大川那里有

礼赞地
776 #56·7 6· 6· 6 0 3 i· 176 7· 3· 176 55·6 3· 3·
展开人生的风帆，我们曾经用身躯亲吻精神的花瓣，
父老乡亲的惦念，

2 3 432 3 6 i· 776 #55·6 7 7 3 i· 176 7· 3·5 6· 176
我们曾经用心灵编织理想的花环，我们曾经用微笑面对命运的

6 5 3· 2 3 432 3 6 176 776 #56·7 6· 6· 3· 6· 6· 223 432
挑　战，我们曾经用歌声唱响美好的期　盼，我盼，我们用歌声

rit　　　　　　*a tempo*
36 i 3· 77 i 76 5 6· 6· 6· 6·
唱　响心中的永　远

99

第三站：移民文化

经历半个多世纪的拼搏，在不断沉淀、提炼和升华的过程中，三代北大荒人创造了灿烂的移民文化，由此积淀而凝聚成的北大荒精神，更成为北大荒文化的核心。

在北大荒的开发建设史上，还有一支重要的移民力量——被错划的1 500名"右派分子"，他们相继来到北大荒。其中有著名诗人艾青，戏剧家吴祖光、李荒芜，著名作家聂绀弩、丁玲，画家丁聪和书法家杨角等人。他们的汗水和泪水洒在了黑土地上，也为北大荒文化注入了新的活力。

黑龙江省省委在1988年将北大荒精神的内涵概括为4句话16个字：艰苦奋斗，勇于开拓，顾全大局，无私奉献。这对北大荒"移民文化"的实质内涵和特征进行了深刻的阐释和概括。大规模的移民垦殖运动，也是一种文化对流运动，客观上给北大荒注入了活力，激活和提升了北大荒文化的发展。同时，南北文化的交流，城市文明与边疆文化的融合，军旅文化、知青文化和地区文化的渗透，也促进了北大荒文化的繁荣和发展。

北大荒开发建设史上的大批移民，给移民文化创造了丰富多彩的写作素材，如早期出现的话剧、电影《北大荒人》，被誉为全国版画三大流派之一的北大荒版画，长篇小说《雁飞塞北》和《大甸风云》等。

小资料：

《闯关东》影视基地建立在黑龙江南岸的锦河农场，隶属垦区北安管局，锦河农场南靠五大连池，北临古城瑷珲，这里是电视剧《年轮》《闯关东》等电视剧的主要拍摄外景地。《北大荒人》《闯关东》影视文化旅游区就建在石金河畔的老金山脚下。影视文化旅游区为锦河农场增添了一处人文景观，通过它传达出来的文化内涵与军旅文化、知青文化相结合，形象地彰显了北大荒拓荒者史诗般的传奇色彩。《闯关东》影视基地已经成为反映北大荒人伟大创业精神的一个缩影。

电视剧《闯关东》剧情介绍

1904年,山东大地遭受洪涝灾害,匪患横行,饥殍(piǎo)遍地。朱家收到此前闯关东的父亲朱开山的信,让他们到东北的元宝镇汇合。朱家全家决定坐船从海路闯关东。历经九死一生,除了传文,朱家终于在元宝镇会合。为了生存,朱开山决定去深山的金矿挖金,受尽了各种磨难,终于成功携带一袋金子逃离了金矿,并用这些钱买房置地安顿下来。途中鲜儿与传文走散,传文也找到元宝镇全家团聚。朱开山在镇上开了一家朱记菜馆,受到当地人的刁难,他以山东人特有的情义感动了对手。附近的甲子沟发现了煤矿,为了争夺采矿权,朱开山一家联合爱国志士与日本人展开了斗智斗勇,终于让煤矿回到了中国人手中。日本兵围攻哈尔滨,朱家三代人一起奔赴抗日的最前线。

我参与:王明同学暑假来到了《闯关东》影视基地,这是他带给我们的图片。

朱家大院

朱家老宅

锦河农场《闯关东》影视基地

朱家老宅内部

第二课　建设美丽家乡

刘畅的日记："第一眼看到了你,爱的热流就涌出心底,站在莽原上呼喊,北大荒啊我爱你！爱你那广袤的沃野,爱你那豪放的风姿……"这是我喜欢的《北大荒人的歌》。我叫刘畅,上初三了,是一个土生土长的小北大荒人,每当我听到这首歌的时候,我都为自己是北大荒的后代无比骄傲和自豪！亲爱的同学们,对于养育我们的家乡,你了解多少呢？下面我们就一起了解我们的家乡——北安垦区。

家乡的地理与交通

北安垦区位于中国综合自然区划的兴安岭——长白山区,小兴安岭主脉由北向南纵贯垦区东部。所属 15 个农场分别位于小兴安岭西南麓、西北麓和中段北麓,行政区划位置属黑河地区。东邻嘉荫县,西到嫩江县,南起通肯河,北到黑龙江。东西宽 234 公里,南北长 281 公里。15 个国有农场分成南、北、中三片,跨越黑河、孙吴、逊克、北安、嫩江、五大连池、伊春七个市县。

北安垦区是连接对外开放城市——黑河市的交通枢纽,滨北、齐北、北黑三条铁路干线和北安到哈尔滨直通高速公路,还有黑大(G202)、碾北(S302)、绥北高速公路、鹤嫩公路(省重要环形干道)四条公路干线以及北五高等级公路在北安交汇,它是我国最北部的交通枢纽,是由哈尔滨通往黑河市以及俄罗斯及东欧国家旅贸大通道的必经中转站,毗邻天然火山博物馆五大连池。

北安垦区辖区总面积8 984.8平方公里,占全省垦区总面积的1/5,其中耕地473.9万亩,林地195.4万亩,草原122.5万亩,水田19.5万亩,总人口20.3万。

北安垦区属松嫩平原黑土带的边缘,是世界三大黑土带之一。黑土层厚,土地肥沃,河谷及支流两岸的腐殖土有80厘米深。垦区植被属温带、寒温带针阔叶混交林的边缘和由山前森林向松嫩草甸草原的过渡地区。全垦区草原植被共分布在15个农场,处在长白山植物分布区的北部,大兴安岭植物分布区的南部,西邻蒙古国植物分布区,幅员广大。

北安管理局15个农场,交通便利,滨北铁路、齐北铁路、北黑铁路、哈黑公路、北五公路纵贯全区,北三场靠近黑河码头,与俄贸易可直接过货。

这么便利的交通,欢迎你来我的家乡旅游,我会免费为你导游。

风景如画的城镇建设

北安垦区下辖 15 个农场，每一个农场都建设得风景如画。

小城在黑土地上拔地而起（引龙河农场）

小楼与朝霞交谈（锦河农场）

绿树同流水欢歌（逊克农场）

雕塑与楼房共舞（红色边疆农场）

孩子的笑容在花蕊中绽放（格球山农场）

豆麦的嫩浪在云霞下舒展（红星农场）

绚丽秀美的风景区

北安垦区经过多年的开发建设，不仅成为国家重要的商品粮基地和现代化农业示范区，同时也保存了不少原生态的自然风光及独特的人文景观，具有发展现代农业观光旅游的丰富资源。

第三部分 巨变的黑土地

五大连池老黑山　　二龙山农场大河　　赵光农场水上公园　　逊克农场莲花池

日新月异的社会事业

　　北安垦区的教育事业伴随着垦区的开发建设不断发展，蒸蒸日上。2016 年年末，北安垦区共有独立普通学校 14 所。除五大连池农场外，每一个农场拥有一所学校，中小学就读率百分之百，学生都能完成高质量的素质教育。高级中学有两所学校，分别是北安农垦一中和二中，在校就读学生近三千人，高考升学率不断攀升。北安垦区教师 2029 人，都是历年来大学、专科毕业的大学生，教育教学水平较高，在教研、教改和信息技术领域中居领先地位。近两年来北安管理局的各农场学校义务教育均衡发展工作已达标，受到上级的好评。

北大荒读本

◯ 医疗卫生设施完善

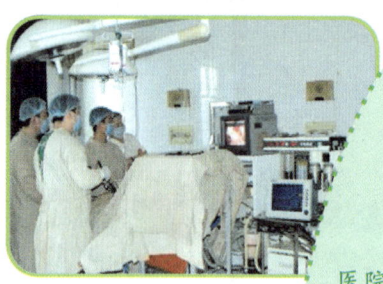

北安垦区管局中心医院，位于北安市，交通便利。管局医院设有门诊部和住院部，还有卫生监督所、疾病预防中心、妇幼保健院等相关部门。医疗人员技术精良，医疗设施齐全，卫生用房达标。各农场都有自己的社区理疗服务中心，医生入户走访，监督观察农场职工的身体状况，及时治疗，解决民生的重大问题。可以说我们北安垦区医疗事业已经形成保健、预防、医疗、康复全方位的立体系统，保障垦区职工能够健康幸福地生活。

技术精良

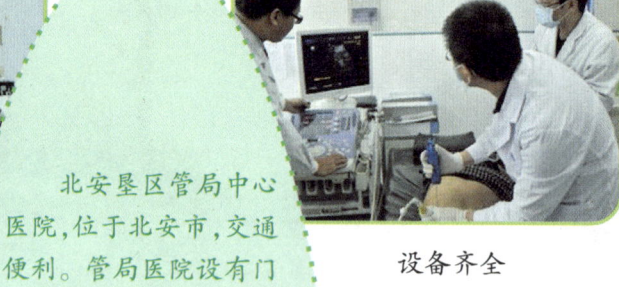

设备齐全

引龙河农场医生入户为婴儿保健

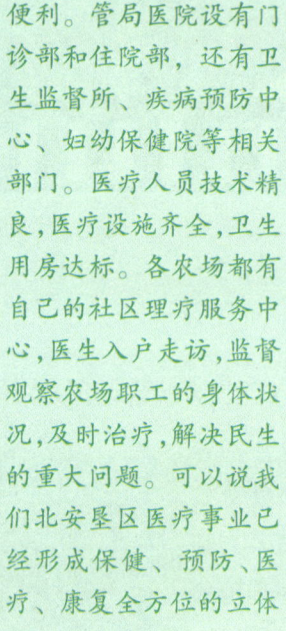

赵光农场医生为二高学生体检

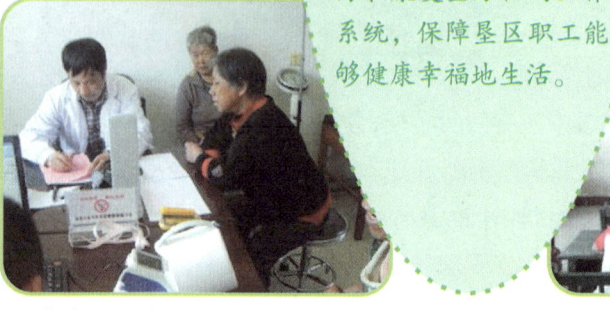

逊克农场医生为老人检查慢性病

尾山农场医生入校宣传手足口病的防治知识

体验幸福的农垦生活

随着教育、医疗事业的完善,社会保障、环境保护和农业保险事业成效显著。2016年全垦区基本养老、医疗、失业、工伤、生育"五险合一"社会保险体系进一步完善,社会保险覆盖面不断扩大,社会保障功能明显增强。各项社会保险待遇按时足额支付,待遇标准逐年提高,广大参保人员的根本利益得到有效保障。农场职工居住条件大大改善,住高楼、用净水、物业服务周到、环境整洁,人们的精神面貌焕然一新,积极参加农场举行的文体活动,坚持锻炼身体。孩子笑了,玩耍的场所多了;老人笑了,生活有保障了;工作的职工笑了,工作更顺利;北安垦区的人们都笑了,我们真幸福!

北安垦区近几年经济总量连攀新高,粮食生产连续实现播种面积、综合单产和总产量历史性突破。工业生产持续快速增长,农场职工收入再创新高,生活质量不断提高。北安管理局落实招商引资项目数十个,并实施"走出去"战略,坚实迈出新步伐,到境外发展农业生产。全面提高畜牧业规模化,大力发展林下经济,加强水利基本建设,积极推行绿色生产方式,加快提高农产品市场开拓能力。

我们要做家乡的建设者

我们身边感动的人物有哪些？

北安局的徐虎、刘喜……

北安垦区是一个人杰地灵的地方，在这片神奇的黑土地上，几代拓荒者挥汗洒血、披荆斩棘、辛勤耕耘，创造了无数可歌可泣的英雄业绩，涌现出了一大批优秀人才。这些优秀人物是北安垦区物质财富和精神财富的创造者，是农垦事业火炬接力赛的点燃者和传播者。

作为北大荒的小主人，你打算怎样为家乡做贡献？

知识链接

陈晓英：倾情计生事业，奉献无悔青春

陈晓英，现任格球山农场计生办副主任。1996年7月毕业于黑龙江省农垦卫生学校医疗专业。2003年2月，从基层卫生所调入农场计生办从事专职计生工作。她凭着敢为人先的劲头和脚踏实地的工作作风，把人口和计划生育工作开展得有声有色。她本人先后获得垦区"十五""十一五"期间人口和计划生育先进个人、全国计划生育协会先进志愿者、黑龙江省优秀计生宣传员、北安管局人口和计划生育先进个人等荣誉称号。

张崇军：北安垦区锦河农场养羊致富带头人

从2009年到2013年在他的带动下许多不相信养殖能赚钱的职工都从事了养殖业，也赚到了不少钱。张崇军说："作为一名基层兽医人员，我必须做到示范带头作用，我如果赚到了钱，职工也就会和我一起，这样才能将我场的畜牧业做大做强。"他本着牺牲小我成就大我的奋斗精神来捍卫着自己的本职工作。

冷友斌：企业的领头人

中国乳品企业唯一一家在美国上市的企业——黑龙江飞鹤乳业有限公司。仅仅四年时间，飞鹤乳业就跻身于全行业乳粉企业前10名。荣获国家质量监督检验检疫总局颁发的"婴幼儿配方奶粉质量免检"证书，黑龙江省质量管理先进企业等30多项殊荣。斐然的成绩，惊人的发展速度，得益于企业有一个好的领导人和决策人——原赵光镇的冷友斌。他在领导黑龙江飞鹤乳业有限公司的二次创业中，锐意改革，不断创新，使企业不断发展壮大，闻名全国，他也因为企业飞速的发展而名声响赫。

刘福文：一把铁锹　一把扫帚　闯天下

龙镇农场公路管理站养路工，20年前正值人生灿烂年华的他，走进了农场公路管理站，凭着一把铁锹、一把扫帚，开始了修路生涯。从那时起，他总是第一个来到路上，最后一个离开，无论晴天下雨还是节假日，都会在路上发现他的身影。修补路面、疏浚涵洞、平整路肩。从养护砂石路面到养护白色路面，他见证了农场公路的发展。他用自己的勤劳与平凡诠释着"朴素无华、大道无形"。

北大荒读本

今天，在我们身边，有许许多多这样的人，他们履行社会责任，不计代价与回报。正是因为他们的付出，我们的生活才更加多彩，更加温暖，更加充满希望。

弘扬大荒精神　建设美丽家乡

活动平台

小组交流，完成下列任务：

1. 上述人物有哪些共同点？
2. 在我们身边还有哪些杰出的人物？你能讲出发生在他们身上动人的故事吗？

你知道北大荒精神的内涵吗？

什么是北大荒精神？这便是"艰苦奋斗、勇于开拓、顾全大局、无私奉献"。北大荒精神，是黑龙江垦区的广大人民群众在多年的开发建设中，用青春与汗水、鲜血和生命，在特定历史条件和极其艰苦的环境下培育和锤炼出来的。是英雄的北大荒人的政治觉悟、精神境界、道德情操、意志品格、行为规范和工作作风的集中体现。这种精神已在全国产生了广泛而深远的影响，成为全国人民共同拥有的一笔宝贵的精神财富，成为推动我国经济发展和社会进步的强大动力，它将永远激励着我们在建设中国特色社会主义的道路上奋勇前进。

北大荒精神永放光芒

小卡片

北大荒精神在新时代语境下表现为以下特征：

一、不畏艰苦、勇于奋斗的拼搏性
二、锐意进取、永不停滞的创新性
三、国家利益至上的顾全大局性
四、无私忘我、勇于牺牲的奉献性
五、先进精神的集成性
六、跨越时空的穿透性
七、非凡的创造性
八、人本和谐的协调性

第三部分 巨变的黑土地

以"艰苦奋斗、勇于开拓、顾全大局、无私奉献"为基本内容的北大荒精神是中华民族精神的瑰宝。北大荒精神作为北大荒人共同的价值取向和行为准则,成为规范人们思想和行为的无形力量,它激励北大荒人抓住机遇,跨越发展,为实现中华民族伟大复兴的中国梦而努力奋斗。

活动平台

1.开展以"弘扬大荒精神,建设美丽家乡"为主题的征文活动。

2.在学生中发出倡议,号召全体同学踏着父辈的足迹,继承优良传统,树立文明新风。

北安垦区20万人民把"艰苦奋斗,勇于开拓,顾全大局,无私奉献"的北大荒精神作为自己的行动指南,在全力跨越、奋力超越、追求卓越的道路上高歌奋进、勇往直前!以"与时俱进、开拓创新、攻坚克难、超常规"的发展思路,大手笔谋划着北安垦区更加美好的未来,继续创造更加辉煌的明天。

作为北大荒人的后代,作为北安垦区的接班人,让我们继承北大荒精神,努力拼搏,为实现北安垦区宏伟目标贡献力量。

图书在版编目（CIP）数据

北大荒读本 / 刘保国主编. -- 哈尔滨 : 黑龙江教育出版社，2018.5（2021.1重印）
ISBN 978-7-5709-0002-2

Ⅰ．①北… Ⅱ．①刘… Ⅲ．①北大荒－地方史 Ⅳ．①K293.5

中国版本图书馆CIP数据核字(2018)第118056号

北大荒读本
Beidahuang Duben
主　编：刘保国
副主编：崔万敏　王月平

责任编辑	宋怡霏
封面设计	鲲　鹏
责任校对	张　江
出版发行	黑龙江教育出版社
	（哈尔滨市道里区群力第六大道1305号）
印　　刷	北京一鑫印务有限责任公司
开　　本	787毫米×1092毫米　1/16
印　　张	7.5
字　　数	110千
版　　次	2018年5月第1版
印　　次	2021年1月第2次印刷
书　　号	ISBN 978-7-5709-0002-2　定　价　40.00元

黑龙江教育出版社网址：www.hljep.com.cn
如有印装质量问题，影响阅读，请与印刷厂联系调换。联系电话：13936462757
如发现盗版图书，请向我社举报。举报电话：0451-82533087